U0662259

汉画总录

2

米脂

GUANGXI NORMAL UNIVERSITY PRESS
广西师范大学出版社
·桂林·

The Getty Foundation

本项目研究得到盖蒂基金会的资助。
Research for this publication was supported by a grant from the Getty Foundation.

项目统筹　汤文辉　罗文波　李　琳
责任编辑　罗文波　李　琳　汤文辉　赵运仕
装帧设计　李若静　陆润彪　刘　凛　黄　赟
责任技编　伍智辉

图书在版编目（CIP）数据

汉画总录. 2，米脂 / 康兰英，朱青生主编. —桂林：
广西师范大学出版社，2012.8（2023.3 重印）
　ISBN 978-7-5495-2746-5

　Ⅰ．汉…　Ⅱ．①康…②朱…　Ⅲ．①画像砖－史料－
研究－中国－汉代②画像砖－史料－研究－米脂县－汉代
Ⅳ．K879.444

　中国版本图书馆 CIP 数据核字（2012）第 249548 号

广西师范大学出版社出版发行

（广西桂林市五里店路 9 号　邮政编码：541004）

（网址：http://www.bbtpress.com）

出版人：黄轩庄
全国新华书店经销
广西广大印务有限责任公司印刷
（桂林市临桂区秧塘工业园西城大道北侧广西师范大学出版社集团
有限公司创意产业园内　邮政编码：541199）
开本：787 mm × 1 092 mm　1/16
印张：15　　字数：100 千字
2012 年 8 月第 1 版　　2023 年 3 月第 2 次印刷
定价：800.00 元

如发现印装质量问题，影响阅读，请与出版社发行部门联系调换。

编辑委员会

主任

顾森　周其凤

委员

陈江风　陈履生　陈松长　方拥　高书林　高文　顾森　韩顺发　韩玉祥　何林夏　贺西林
何志国　T. Hoellmann　胡新立　黄雅峰　蒋英炬　康兰英　L. Ledderose　李宏
李江　李世勇　李孝聪　缪哲　L. Nickel　牛天伟　M. Nylan　M. Powers　J. Rawson
闪修山　苏肇平　唐长寿　王恺　汪悦进　魏学峰　翁剑青　巫鸿　武利华　信立祥　徐婵菲
阎根齐　杨爱国　杨孝军　杨絮飞　游振群　于秋伟　曾繁模　张新宽　赵超　赵殿增
赵化成　郑先兴　郑岩　周其凤　朱存明　朱青生

本卷主编

康兰英　朱青生

本卷主编助理

张欣　陈亮　张文靖　闵坤　郝元义　练春海　华昊　刘冠　徐呈瑞

本卷编辑工作人员

李若静　刘朴　张琦琪　杨超　仝丽丽　郑亚萌　张铭慧　董红卫　张彬彬

序

　　文字记载，图画象形。人性之深奥、文化之丰富俱在文献形相之中；史实之印证、问题之追索无非依靠文字图形。[1]汉画乃有汉一代形相与图画资料之总称。

　　汉代之前，有各种物质文化遗迹与形相资料传世。但是同时代文献相对缺乏，虽可精观细察、恢复格局，重组现象，拾取位置、结构和图像信息，然而毕竟在紧要处，但凭推测，难于确证。汉代之后，也有各种物质文化遗迹与形相资料传世，但是汉代之前问题不先行获得解释，后代的讨论前提和基础就愈加含糊。尤其渊源不清，则学难究竟。汉代的文献传世较前代为多，近年汉代出土文献日增，虽不足以巨细问题尽然解决，但是与汉代之前相比，判若文献"可征"与"不可征"之别。所以，汉画作为中国形相资料的特殊阶段，据此观察可印之陈述，格局能佐之学理，现象会证之说明；位置靠史实印证，结构倚疏解诠释。因图像信息与文字信息的双重存在，将使汉画成为建立中国图像志，用形相学的方法透入历史、文化和人性的一个独特门类。此汉画作为中国文化研究关键理由之一。

　　两汉之世事人情、典章制度可以用文字表达者俱可在经史子集、竹帛简牍中钩沉索隐，而信仰气度、日常生活不能和不被文字记述者，当在形相资料中考察。形者，形体图像；相者，结构现象。事隔两千年形成古今感受之间的千仞高墙，得汉画其门似可以过入。而中国文明的基业，多始于汉代对前代的总结、集成而制定规范；即使所谓表率万世之儒术，亦为汉儒所解释而使之然。诸子学说亦由汉时学人抄传选择，隐显之功过多在汉人。而道德文章、制度文化之有形迹可以直接回溯者，更是在汉代确立圭臬，千秋传承，大同小异，直至中国现代化来临。往日的学术以文字文献为主，自从进入图像传播时代，摄影、电视造成了人类看待事物的新方法，养成了直接面对图像的解读能力。于是反观历史，对于形相资料的重视与日俱增。因此，由于汉代奠定汉族为主

---

[1] 对于古史，有所谓四重证据法：传世文献+出土文献+出土文物+依地形、位置和建筑建构遗存复原的文化环境设想。但任何史实，多少都有余绪流传至今，则可通过现今活态遗存，以今证古，这是西方人类学、文化地理学中使用的方法。例如，可从近日的墓葬石工技艺中考溯汉代制作；再如，今日非物质文化遗产中的祭祀庆典仪式，其中可能有此地同族举行同类型活动的延承，正所谓"礼失而求诸野"。所以，对于某些历史对象，可以采用"六重证据法"：传世文献+出土文献+出土文物+复原的文化环境设想+现今活态遗存+试验考古（即用当时的工具、材料、技术、观念重新试验完成一遍古代特定的任务）。对问题的追索无非依靠文字和形相两种性质的材料，故略称"文字图形"。

体的文明而重视汉代，由于读图观相的时代到来而重视图画，此汉画之为中国文化研究关键理由之二。

"汉画"沿用习称。《汉画总录》关注的汉画包括画像石、画像砖、帛画、壁画、器物纹样和重要器物、雕刻、建筑（宗教世俗场所和陵墓）。所以，与《汉画总录》互为表里的国家图像数据库[2] 则称之为"汉代形像资料"，是为学术名称。

汉画研究根基在资料整理。图像资料的整理要达到"齐全"方能成为汉画学的基础。所谓齐全，并非奢望汉代遗迹能够完整留存至今，而是将现存遗址残迹，首先确定编号，梳理集中，配上索引，让任何一位学者或观众，有心则可由之而通览汉代的形相资料总体，了解究竟有多少汉代图形存世。能齐观整体概况，则为齐也。如果进一步追索文化、历史和人性的问题，则可利用这个系统，有条理、有次序地进入浩瀚的形相数据，横征纵析，采用计算机详细精密的记录手段和索引技术，获取现有的全部图像材料。与我们陆续提供给学界的"汉代古文献全文数据库"和"中文、西文、日文研究文献数据库"互为参究，就能协助任何课题，在一个整体学科层面上开展，减少重复，杜绝抄袭，推动研究，解决问题。能把握学科动态则为全也。《汉画总录》是与国家图像数据库相辅相成的一个长期文化工程，是依赖全体汉画学者努力方能成就的共同事业。一事功成，全体受益。如果《汉画总录》及其索引系统建成完整、细致、方便的资料系统，汉画学的推进，可望会有飞跃。对其他学科亦不无帮助。

汉画编目和《汉画总录》的编辑是烦琐而细致的工作。其平常在枯燥艰苦的境况中日以继夜。此事几无利益，少有名声，唯一可以告慰的是我们正用耐心的劳动，抹去时间的风尘，使中国文明之光的一段承载——汉画，进入现代学术的学理系统中，信息充溢，条理清楚，惠及学界。况且汉画虽是古代文化资料，毕竟养成和包蕴汉唐雄风；而将雄风之遗在当今呈现，是对中国文明的贡献，也是为人类不同文明之间更为深刻的互相理解和世界在现代化中的发展提示参照。

人生有一事如此可为，夫复何求？

编　者
2006 年 7 月 25 日

[2] 2005年文化部将中国汉代图像信息综合调查与数据库项目纳入"国家数据库专项"系统。

编辑体例

《汉画总录》包括编号、图片、图片说明、图像数据、文献目录、索引六部分内容。

1. 编号

为了研究和整理的需要，将现有传世汉画材料统一编号。编号工作归属于一个国家项目协调（《中国汉代图像信息综合调查与数据库》为国家艺术科学"十五"规划项目）。方法是以省、区编号（如陕西 SSX，山西 SX）加市、县，或地区编号（如米脂 MZ）再加序列号（三位），同一汉画组合中的部件在序列号之后加横杠，再加序列号（两位）。比如米脂党家沟左门柱，标示为 SSX-MZ-005-01（说明：陕西—米脂—党家沟画像石墓—左门柱）。编号最终只有技术性排序，即首先根据"地点"的拼音缩写的字母排列顺序，在同一地点的根据工作序列号的顺序排序。

地点是以出土地为第一选择，不在原地但仍然有确切信息断定其出土地的，归到出土地编号，并在图片说明中标示其收藏地和版权所有者。如果只能断定其出土地大区（省、区），则在小区（市、县、地区）部分用"××"表示。比如美国密西根大学博物馆藏的出自山东某地，标示为 SD-××-001。如果完全不能断定其出土地点，则以收藏地点缩写编号。

编号完成之后，索引、通检和引证将大为方便。论及某一个形象或画面，只要标注某编号，不仅简明统一，而且可以在《汉画总录》和与此相表里的国家图像数据库（文化部将中国汉代图像信息综合调查与数据库项目纳入"国家数据库专项"系统）中根据检索方法立即找到其照片、拓片、线图、相关图像和墓葬的全部信息，以及关于这个对象尽可能全面的全部研究成果，甚至将来还可以检索到古文献和出土文献的相关信息，以及同一类型图像或近似图像的公布、保存和研究情况。

2. 图片

记录汉代画像石、画像砖的图片采取拓片、照片和线图相比照的方式处理。[1] 传统著录汉画的方式是拓片，拓片的特点是原尺寸拓印。同时，拓片制作时存在对图像的取舍和捶拓手工轻重粗精之别，而成为独立于原石的艺术品。拓片不能完整记录墓葬中画像砖石的相互衔接和位置关系，以及墓葬内的建筑信息，无法记录画像石上的墨线和色彩，对于非平面的、凸凹起伏的浮雕类画

---

[1] 由于在《汉画总录》的编辑方针中，将线描用于对图像的解释和补充，线描制作者的观点和认识会有助于读者理解，但也形成了一定的误导和局限，因此在无必要时，将逐步减少线描的数量，而把这个工作留待读者在研究时自行完成。

像砖石，也不能有效地记录其立体造型。不同拓片制作者以及每次制得的拓片都会有差异。使用拓片一个有意无意的后果是拓片代替原石成为研究的起点，影响了对画像石的感受和认知。拓片便利了研究的同时也限制了研究。只是有些画像砖石原件已失，仅存拓片，或者原石残损严重，记录画像砖石的拓片则为一种必要的方法。

照片对画像砖石的记录可以反映原件的质地和刻划方法、浮雕的凸凹起伏，能够记录砖石上的墨线和色彩，是高质量的图像记录中不可缺失的环节。线图可以着重、清晰地描绘物像的造型和轮廓，同时作为一种阐释的方法，可以展示、考察、记录研究者对图像的辨识和推证。采取线图、照片、拓片相结合的途径记录画像砖石，可相互取长补短，较为完备。

帛画、壁画和器物纹样一般采用照片和线图。

其他立体图像采用照片、三维计算机图形、平面图和各种推测性的复原图及局部线图。组合图与其他图表的使用，在多部组合关系明确的情况下，一般会给出组合图加以标明，用线描图呈现；在多部组合而关系不明确的情况下则或缺存疑。其他测绘图、剖面图、平面图以及相关列表等均根据需要，随著录列出，视为一种图解性质的"说明"。[2]

3. 图片说明

图片说明分为两个部分。其一是关于图片的基本信息，归入"4. 图像数据"中说明；其二是对于图像内容的描述。描述古代图像时，基于古今处在不同的观念体系中的这一个基本前提，采取不同方式判定图像。

3.1 尝试还原到当时的概念中给予解释[3]，在此方向下通常有两种途径。

3.1.1 检索古代文献中与图像对应的记载或描述，作出判定。但现存的问题，一是并非所有图像都能在文献中找到相应的记载或解释，即缺乏完备性；二是这种对应关系是人为赋予的，文献

---

[2] 根据编辑需要，在材料和技术允许的情况下，会给出部分组合关系图。由于编辑过程受到各种条件的限制，尽其努力也无法解决全卷缺少部分原石图、拓片、线图的情况，或者极个别原石尺寸不齐的情况，目前保持阙如，待今后在补遗卷中争取弥补。

[3] 任何方式中我们都不可能完全脱离今人的认识结构这一立足点，不可能清除解释过程中"我"的存在，难以避免以今人的观念结构去驾驭古代的概念。完全回到当时当地观念中去只是设想。解释策略决定了解释结果。在第一种方式中，我们的目的不是把自己置换到古人的处境中去体验，而是去认识古人所用概念及其间结构关系。

与图像并不存在必然的联系，且不同研究者可能做出不同的判断[4]；三是现存文献只是当时多种版本的一种，民间工匠制作画像石所依据的口述或文字版本未必与经过梳理的传世文献（多为正史、官方记录和知识分子的叙述）相符。

3.1.2 依据出土壁画上的题记、画像砖石上的榜题、器物上的铭文等出土文字材料，对相应图像做出判定，这种方式切近实况，能反映当时当地的用语，但是能找到对应题记的图像只占图像总体的一小部分。

3.2 在缺失文献的情况下，重构一种图像描述的方式——尽量类型化并具有明晰的公认性。如大量出现的独角兽，在尚不确定称其为"兕"还是"獬豸"时，便暂描述为独角兽，尽管现存汉代文献中可能无"独角兽"一词。同时，图像描述采取结构性方式，即先不做局部意义指定，而是在形状—形象—图画—幅面—建筑结构—地下地上关系—墓葬与生宅的关系—存世遗迹和佚失部分（黑箱）之间的关系等关系结构中，判定图像的性质或意义。尽管没有文字信息，图像在画面和墓葬中的位置和形相关系提供了考察其意义和功能的线索。

在实际图片说明中，上述两种方式往往并用。对图像的描述是在意识到这些问题的情况下展开的，部分指谓和用语延承了以往的研究，部分使用了新词，但都不代表对图像含义的最终判定，而只是一种描述。

4. 图像数据

图片的基本信息（诸如编号、尺寸、质地、时代、出土地、收藏单位等）实际上是图像数据库的一个简明提示。收入的汉画相关信息通过数据库的方式著录，其中包括画像石编号、拓片号、原石照片编号、原石尺寸[5]、画面尺寸、画面简述、时代、出土时间、征集时间、出土地[6]、收藏单位、原收藏号、原石状况（现状）、所属墓葬编号[7]、组合关系、著录与文献等项。文字、质地、色

[4] 关于此前题材判定和分类的方法和问题，参见盛磊《四川汉代画像题材类型问题研究》，硕士学位论文，北京大学，2002年。

[5] 原石尺寸的单位均为厘米，书中不再标识。

[6] 出土与征集的区分以是否经过科学发掘为界，凡经正式发掘（无论考古报告发表与否）均记为出土，凡非正式发掘（即使有明确出土地点和位置）均记为征集。

[7] 所属墓葬因发掘批次和年代各异，故记为发掘时间加当时墓葬编号，如1981M3表示党家沟1981年发掘的第3号墓葬。

彩、制作者、订件人、所在位置、相关器物、鉴定意见、发现人中有可著录者，均在备注项中列出。画像石墓表包括墓葬所在地、时代、墓葬所处地理环境、封土情况、发现和清理发掘时间、墓向、墓葬形制、随葬器物、棺椁尸骨、画像石装置，发现人、发掘主持人也在备注项中注出。建立数据库的目的和价值在于对数据库中的所有记录进行检索、比较、统计、分析，以期达到研究的完备性和规范性。[8]

5. 文献目录

文献目录列出一个区域（指对汉画集中地区的归纳，如陕北、南阳、徐州、四川等，多根据汉画研究的分区，而非严格的行政区划）有关汉画内容的古文献、研究论著和论文索引，并附内容提要。在每件汉画著录中列专项注出其相关研究文献。

6. 索引

按主题词和关键词建立索引项，待全部工作结束之后，做成总索引。因为《汉画总录》的分卷编辑虽然是按现在保管地区为单位齐头并进，但各种图像材料基本按出土地点各归其所，所以地名部分不出分卷索引，只在总索引中另行编排。

朱青生

北京大学历史学系艺术史教研室

北京大学汉画研究所

2006 年 7 月 31 日

---

[8] 对于存在大量样本和繁杂信息的研究对象，数据库的应用是有效的。在考古类型学中，传统的制表耗费时力，且不便记忆和阅读，细碎的分类常有割裂有机整体之弊。《汉画总录》的设想是：（1）无论已有公论还是存疑的图像，一律不沿用旧有的命名及在此基础上的分类，而按一致的规范和方法记录；（2）扩大图像信息的范畴，全面记录相关要素，包括出土状况（发掘/清理/收集）、发现人、出土时间、出土地点及其所属古代区划、画像材质、尺寸、所属墓葬形制、画像位置、随葬器物及其位置、画像保存状况、铭文、已有断代、画像资料出处、相关图片、相关研究、收藏地等。图像则记录单位图像的位置及其间的组合情况；（3）利用数据库，按不同线索和层次对图像信息进行查询、检索，根据统计结果作出判断。

目　录

前　言

目前全国画像石的分布区域，大致划定了四个大区，陕北为其一。按照今天的行政区划，陕北应包括延安、榆林两个地区。早在 20 世纪 20 年代发现郭季妃夫妇合葬墓画像石以来，榆林地区所辖的十二个县中，绥德、米脂、神木、榆阳区、靖边、横山、子洲、清涧、吴堡等地不断发现画像石，截至目前，数量已逾 1200 块。北部相邻的内蒙古地区壁画墓的发现和少量的画像石出土，说明画像石的流行地域已经北至内蒙古包头一带。[1] 东南部隔黄河相望的山西省晋西北离石地区大量和陕北画像石风格相一致的画像石的发现，均打破了今天关于"陕北"的行政区划。而南部与榆林毗连区划属于"陕北"的延安地区却至今未见有汉代画像石出土的报道。

汉代的上郡、西河、朔方等郡同属并州。上郡辖地极广，东部已过黄河，西部至梁山山脉，北部跨越圜水直至无定河流域，南部尽桥山包括了延安地区的部分地域。西河郡本魏地，战国末并入秦。大致范围在今内蒙古伊克昭盟、榆林市、晋西北地区。顺帝永和五年（公元 140 年）汉王朝迫于匈奴的军事威胁，将西河郡治所由内蒙古的平定迁至今山西省离石县。今陕北榆林地区和山西省吕梁地区、内蒙古中南部部分地区分别是上郡和西河郡的辖地，画像石就出在汉代上郡和西河郡的辖地范围内。因此，目前，不论从汉代郡县的格局和范围，还是从今天的行政区划来看，加上画像石出土情况的佐证，"陕北画像石"这一习惯性称谓显然不准确，以行政区划分别称之"榆林地区画像石"、"晋西北画像石"、"伊克昭盟画像石"较为合适。

榆林地区画像石墓主要分布在盛产石板的汉代郡县设置地的周围，即今无定河流域的绥德、米脂、子洲、清涧、吴堡县，突尾河流域的神木县，位于长城沿线，又在无定河流域的榆阳区、横山、靖边三县均有发现。神木县大保当、乔岔滩，榆阳区麻黄梁、红石桥的画像石出土地，已跨越长城以外。画像石中狩猎题材的画面，头戴胡帽、身着异服、脚蹬筒靴的牵驼人，舞者，技击者形象，墓葬中以狗、羊、鹿杀殉的习俗，残留的随葬器物铜马具、带扣等，明显具有匈奴文化特征；肩部篆刻"羌"字的陶罐，明显反映了羌人的遗风。这些实物资料对于研究古代北方多民族聚居的大概情形弥足珍贵。

秦汉时期，上郡、西河郡均为边郡之地，屯兵必多，加上移民实边的人数增加，促进了这一带的农牧业、手工业和商业的大发展，随之产生了众多大地主、大牧主、经商富户，还有那些戍边的将士，他们或者富甲一方，或者权势赫赫，在盛产石板的上郡、西河郡的辖地范围内，众多权势之流、富豪之辈，争相效仿，营造规格相对较高的画像石墓的群体逐渐形成，用画像石装饰

---

[1]　《包头发现汉代彩绘画像石墓》，载《美术观察》2008年第11期，34页。

墓室的葬俗便风行起来。绥德县黄家塔、四十里铺、延家岔，米脂县官庄，神木县大保当均有大的画像石墓葬群遗存。从铭刻文字的纪年石看，黄家塔、官庄同一墓地近距离内出土的多块铭刻王姓、牛姓的铭文，可证明是王氏、牛氏家族墓地。依据墓葬的排列形式、布局、墓室内的遗存，结合铭刻的文字内容，对于研究家族墓地形成的时代以及家族辈分之间的承袭关系都是不可多得的实物佐证。

汉代上郡、西河郡一带一定有些享誉一时的能工巧匠，绥德黄家塔辽东太守墓出土的画像石上铭刻的"巧工王子、王成"就是其中的代表。神木大保当、绥德郝家沟、榆阳区麻黄梁出土的画像石上，形制规格完全相同的长方形印记，是否就是当时某个活跃在从神木到绥德数百里地域内的知名匠师或石工作坊的标识，也是我们探索诸如区域性艺术和不同工匠的技术水平、传统特色的实物依据。

榆林地区画像石产生、盛行的时代背景（包括政治、经济、文化、观念和习俗），与其他地区画像石的源流关系、地域性差异，制作画像石的匠师、石工的组合及流派，使用格套模本的制作习惯、地域习惯和流行风气等因素所起的作用，同一题材的单元在画像石中的应用、同一题材的画像石在墓室设放的位置，特定区域不同时期的画像题材、技法和风格变化，等等，都是有待进一步追索的课题。

《汉画总录》1—10卷采用数据库方式著录目前所能收集到的画像石的原石照、拓片和线描图，编辑时不对所见材料做任何刻意诠释，而是作为对榆林地区画像石进行整体性观察和研究的较为全面的基础样本。

《汉画总录》编辑部

米脂县官庄 1986 年 M1 墓门面五石组合
SSX-MZ-018-01—SSX-MZ-018-05

编号	SSX-MZ-018-01
时代	东汉
原收藏号	0156 B0045
出土地	米脂县官庄
原石尺寸	190×44×11
画面尺寸	150×33
质地	砂岩
原石情况	背面平整，上侧面毛石状。下侧面平整，凿人字纹，左右两端各有一个榫头，突起约2厘米。左、右侧面呈毛石状。
所属墓群	1986 年 M1
组合关系	门楣石，与左、右门柱，左、右门扉为墓门面五石组合。
画面简述	画面分为内、外两栏。外栏为卷云鸟兽纹，左、右两端阳刻一圆形，象征日、月。卷云纹间穿插有翼兽、长颈鸟、鸟、鹿，仙人一手上举，人面鸟、长发仙人、飞鸟，一虎在前，一猛兽衔其尾，猛兽的长尾又被一垂发羽人拽着，长发仙人饲鹿、三足鸟、仙兔捣药、狐、麒麟、一兽似鹿。内栏为瑞兽图。从左到右为马、独角有翼犀牛形兽、双角翼龙、麒麟、独角翼龙、翼虎，瑞兽间添刻六长尾鸟、一朱鸟、一人面鸟、二株瑞草。
著录与文献	榆林市文物管理委员会办公室、米脂县博物馆：《米脂县官庄村东汉画像石墓清理简报》，载《中国汉画研究》第二卷，2006 年，5 页，图 6。
出土/征集时间	1986 年出土
收藏地	米脂县博物馆

SSX-MZ-018-01（局部）

编号	SSX-MZ-018-02
时代	东汉
原收藏号	0157 B0046
出土地	米脂县官庄
原石尺寸	123×39×12
画面尺寸	87×28
质地	砂岩
原石情况	背面平整，有凹坑。上侧面凿不规则人字纹，下侧面毛石状。左侧面凿斜条纹，右侧面平整，凿不规则人字纹。
所属墓群	1986 年 M1
组合关系	左门柱，与门楣石，右门柱，左、右门扉为墓门面五石组合。
画面简述	画面分上、下两格。上格外栏为卷云鸟兽图，云气间从上至下为有翼鹿形兽、长颈鸟、鹿，垂发仙人手按一虎，三角鹿形兽、熊。内栏分上、下两格。上为神树上的仙人（西王母）端坐，右有仙兔左有羽人跪侍。树干间有瑞草、狐和长尾鸟。下为拥彗门吏，戴帻，着长襦大袴，面右立。衣领和腰带用阴线刻出。下格为玄武。
著录与文献	榆林市文物管理委员会办公室、米脂县博物馆：《米脂县官庄村东汉画像石墓清理简报》，载《中国汉画研究》第二卷，2006 年，5 页，图 6。
出土/征集时间	1986 年出土
收藏地	米脂县博物馆

编号	SSX-MZ-018-03
时代	东汉
原收藏号	0161 B0050
出土地	米脂县官庄
原石尺寸	127×38×12
画面尺寸	87×28
质地	砂岩
原石情况	背面平整。上侧面平整,凿稀疏的斜条纹。下侧面呈毛石状。左侧面较平整,凿斜条纹。右侧面有凹坑和斜条纹。
所属墓群	1986 年 M1
组合关系	右门柱,与门楣石、左门柱,左、右门扉为墓门面五石组合。
画面简述	画面分上、下两格。上格外栏为卷云鸟兽图,云气间从上至下为有翼鹿形兽、长颈鸟、鹿,垂发仙人手按一虎,三角鹿形兽、熊。内栏分上、下两格。上为神树上的东王公或西王母端坐,右有仙兔左有羽人跪侍。树干间有瑞草、狐、倒照鹿和长尾鸟。下为拥彗门吏,戴帻,着长襦大袴,面右立。衣领和腰带用阴线刻出。下格为玄武,补白瑞草。
著录与文献	榆林市文物管理委员会办公室、米脂县博物馆:《米脂县官庄村东汉画像石墓清理简报》,载《中国汉画研究》第二卷,2006 年,5 页,图 6。
出土/征集时间	1986 年出土
收藏地	米脂县博物馆
备注	左、右门柱使用同一模板制作(仅右门柱下格填刻了瑞草)。

编号	SSX-MZ-018-04
时代	东汉
原收藏号	0159 B0048
出土地	米脂县官庄
原石尺寸	119×54×5
画面尺寸	95×34
质地	砂岩
原石情况	背面右半部有突起，左下部有凿痕。上侧面平整，有人字纹。下侧面欠平整，有斜条纹。左、右侧面平整，有人字纹。
所属墓群	1986 年 M1
组合关系	左门扉，与门楣石、左、右门柱、右门扉为墓门面五石组合。
画面简述	朱雀，铺首穿环，独角兽。铺首的眼、眉、鼻、口用阴线刻出。朱雀上方刻卷云纹，画面其他处补白瑞草。
著录与文献	榆林市文物管理委员会办公室、米脂县博物馆：《米脂县官庄村东汉画像石墓清理简报》，载《中国汉画研究》第二卷，2006 年，5 页，图 6。
出土/征集时间	1986 年出土
收藏地	米脂县博物馆
备注	与右门扉使用了同一个模板，只是芝草的位置和数目有变化。

编号	SSX-MZ-018-05
时代	东汉
原收藏号	0158 B0047
出土地	米脂县官庄
原石尺寸	125×53×4
画面尺寸	94×34
质地	砂岩
原石情况	背面欠平整。上、下侧面有规整的人字纹。左侧面平整，有人字纹和斜条纹。右侧面欠平整，有斜条纹。
所属墓群	1986 年 M1
组合关系	右门扉，与门楣石、左、右门柱，左门扉为墓门面五石组合。
画面简述	朱雀，铺首衔环，独角兽。铺首的眼、眉、鼻、口用阴线刻出。朱雀上方刻卷云纹，画面其他处补白瑞草。
著录与文献	榆林市文物管理委员会办公室、米脂县博物馆：《米脂县官庄村东汉画像石墓清理简报》，载《中国汉画研究》第二卷，2006 年，5 页，图 6。
出土/征集时间	1986 年出土
收藏地	米脂县博物馆

米脂县官庄 1986 年 M1 墓室前室南壁五石组合
SSX-MZ-018-06—SSX-MZ-018-10

编号	SSX-MZ-018-06
时代	东汉
原收藏号	0751 B0073
出土地	米脂县官庄
原石尺寸	274×72×10
画面尺寸	255×31
质地	砂岩
原石情况	上、下侧面平整，有斜条纹；左、右侧面呈毛石状。
所属墓群	1986年M1
组合关系	横楣石，与左、右边柱，左、右门柱为墓室前室南壁五石组合。
画面简述	画面从左至右共分七格。中间格分上、下两格，上格两个独角翼龙相对，下格两凤鸟相对。中格两边图像两两对称，刻画图像完全相同。依次为玄武和白虎，朱雀和凤鸟，铺首。格中补白瑞草。
著录与文献	汤池：《中国画像石全集5：陕西、山西汉画像石》，济南：山东美术出版社，2000年，图69，右侧局部发表；榆林市文物管理委员会办公室、米脂县博物馆：《米脂县官庄村东汉画像石墓清理简报》，载《中国汉画研究》第二卷，2006年，2-10页，图7。
出土/征集时间	1986年出土
收藏地	米脂县博物馆

SSX-MZ-018-06（局部）

编号	SSX-MZ-018-07
时代	东汉
原收藏号	0738 B0060
出土地	米脂县官庄
原石尺寸	158×28×13
画面尺寸	110×10
质地	砂岩
原石情况	背面平整,左、下侧面呈毛石状,右侧面平整。
所属墓群	1986 年 M1
组合关系	左边柱,与横楣石,右边柱,左、右门柱为墓室前室南壁五石组合。
画面简述	卷云纹。
著录与文献	榆林市文物管理委员会办公室、米脂县博物馆:《米脂县官庄村东汉画像石墓清理简报》,载《中国汉画研究》第二卷,2006 年,2-10 页,图 7。
出土/征集时间	1986 年出土
收藏地	米脂县博物馆

编号	SSX-MZ-018-08
时代	东汉
原收藏号	0739 B0061
出土地	米脂县官庄
原石尺寸	153×21×8
画面尺寸	110×10
质地	砂岩
原石情况	左侧面、右侧面、背面平整，上、下侧面呈毛石状。
所属墓群	1986 年 M1
组合关系	右边柱，与横楣石，左边柱，左、右门柱为墓室前室南壁五石组合。
画面简述	卷云纹。
著录与文献	榆林市文物管理委员会办公室、米脂县博物馆：《米脂县官庄村东汉画像石墓清理简报》，载《中国汉画研究》第二卷，2006 年，2-10 页，图 7。
出土/征集时间	1986 年出土
收藏地	米脂县博物馆

编号	SSX-MZ-018-09
时代	东汉
原收藏号	0148 B0037
出土地	米脂县官庄
原石尺寸	166×34×8
画面尺寸	112×26
质地	砂岩
原石情况	背面毛石状。上侧面平整，有斜条纹。下侧面毛石状。左侧面不规则斜条纹。右侧面靠正面平整，无凿纹，靠背面斜条纹。
所属墓群	1986 年 M1
组合关系	左门柱，与横楣石，左、右边柱，右门柱为墓室前室南壁五石组合。
画面简述	画面分上、下两格。上格分内、外两栏。外栏为卷云纹。内栏从上至下分三格。第一格：一虎。第二格：独角翼龙。第三格：羽人献瑞草，一门吏戴帻，身着长襦大袴，双手拥彗面右而立。下格为博山炉，炉盘内刻两株瑞草。
著录与文献	榆林市文物管理委员会办公室、米脂县博物馆：《米脂县官庄村东汉画像石墓清理简报》，载《中国汉画研究》第二卷，2006 年，2-10 页，图 7。
出土/征集时间	1986 年出土
收藏地	米脂县博物馆

编号	SSX-MZ-018-10
时代	东汉
原收藏号	0152 B0041
出土地	米脂县官庄
原石尺寸	156×34×10
画面尺寸	111×26
质地	砂岩
原石情况	背面较平整。上侧面平整，有不规则条纹。下侧面毛石状。左侧面平整，有斜条纹。右侧面欠平整，有斜条纹。
所属墓群	1986 年 M1
组合关系	右门柱，与横楣石、左、右边柱，左门柱为墓室前室南壁五石组合。
画面简述	画面分上、下两格。上格分内、外两栏。外栏为卷云纹。内栏从上至下分三层。第一层：翼龙。第二层：龙。第三层：羽人献瑞草；一门吏戴帻，身着长襦大袴，双手拥彗面右而立。下格为博山炉，炉盘内刻两株瑞草。
著录与文献	榆林市文物管理委员会办公室、米脂县博物馆：《米脂县官庄村东汉画像石墓清理简报》，载《中国汉画研究》第二卷，2006 年，2-10 页，图 7。
出土/征集时间	1986 年出土
收藏地	米脂县博物馆
备注	左、右门柱使用同一模板镜相制作，龙虎位置有所变化。

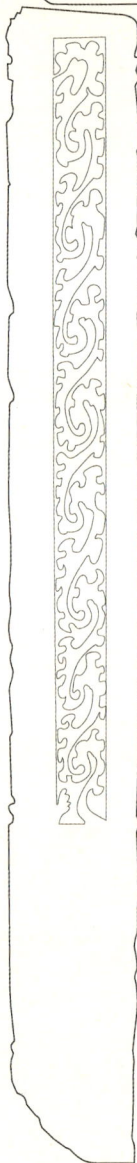
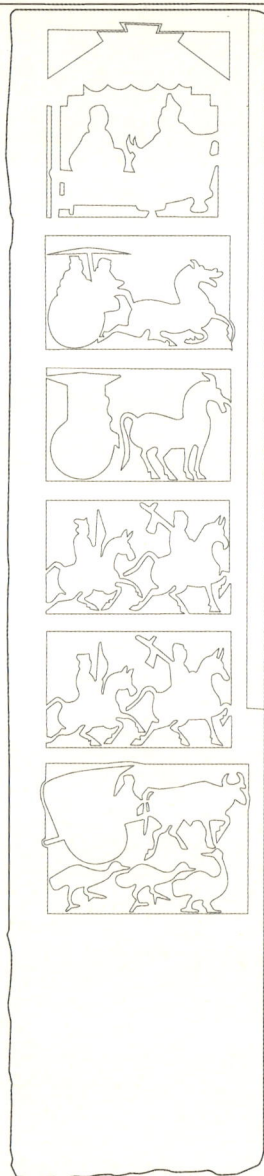

米脂县官庄 1986 年 M1 墓室前室东壁五石组合
SSX-MZ-018-11—SSX-MZ-018-15

编号	SSX-MZ-018-11
时代	东汉
原收藏号	0154 B0043
出土地	米脂县官庄
原石尺寸	258×41×10
画面尺寸	242×27
质地	砂岩
原石情况	背面平整。上、下侧面平整，有斜条纹。左侧面大平整，有斜条纹。右侧面有斜条凿痕。
所属墓群	1986年 M1
组合关系	横楣石。与左、右边柱、右门柱为墓室前室东壁五石组合。
画面简述	画面分上、下两栏。上栏为连续不断的卷云纹。下栏为车马行进图。从左到右可分三组，第一、二组是同一模板制作的相同画面，即荷槊载骑吏，执弓骑吏之后为一辆轺车。一辆轺车，接着一徒手骑吏，荷槊载骑吏，执弓骑吏之后是一辆轺车，轺车车棚上阴线刻画方框，表示车窗。车后有一徒手骑吏相随。
著录与文献	榆林市文物管理委员会办公室、米脂县博物馆：《米脂县官庄村东汉画像石墓清理简报》载《中国汉画研究》第二卷，2006年，2-10页，图9。
出土/征集时间	1986年出土
收藏地	米脂县博物馆

编号	SSX-MZ-018-12
时代	东汉
原收藏号	0745 B0067
出土地	米脂县官庄
原石尺寸	168×19×10
画面尺寸	112×8
质地	砂岩
原石情况	背面欠平整，有三个凹坑。上侧面平整。下侧面毛石状。左、右侧面毛石状，兼有斜条纹。
所属墓群	1986 年 M1
组合关系	左边柱，与横楣石，右边柱，左、右门柱为墓室前室东壁五石组合。
画面简述	卷云纹。
著录与文献	榆林市文物管理委员会办公室、米脂县博物馆：《米脂县官庄村东汉画像石墓清理简报》，载《中国汉画研究》第二卷，2006 年，2-10 页，图 9。
出土/征集时间	1986 年出土
收藏地	米脂县博物馆

编号	SSX-MZ-018-13
时代	东汉
原收藏号	0741 B0063
出土地	米脂县官庄
原石尺寸	156×25×12
画面尺寸	112×10
质地	砂岩
原石情况	背面欠平整。上侧面平整。下侧面毛石状。左、右侧面平整，有斜条纹。
所属墓群	1986年M1
组合关系	右边柱，与横楣石，左边柱，左、右门柱为墓室前室东壁五石组合。
画面简述	卷云纹。
著录与文献	榆林市文物管理委员会办公室、米脂县博物馆：《米脂县官庄村东汉画像石墓清理简报》，载《中国汉画研究》第二卷，2006年，2-10页，图9。
出土/征集时间	1986年出土
收藏地	米脂县博物馆

编号	SSX-MZ-018-14
时代	东汉
原收藏号	0153 B0042
出土地	米脂县官庄
原石尺寸	148×34×10
画面尺寸	111×24
质地	砂岩
原石情况	背面平整，左上有凹坑。上侧面平整，有斜条纹。下侧面毛石状。左侧面有斜条纹，有凿坑。右侧面平整，有人字纹。
所属墓群	1986 年 M1
组合关系	左门柱，与横楣石、左、右边柱，右门柱为墓室前室东壁五石组合。
画面简述	画面自上而下分为六格。第一格为对语图。帷幔下垂的厅堂内，二男子坐于榻上，右侧一人戴进贤冠、着袍，双臂张开，面对左侧的听者，作讲述状。左侧一人戴冠着袍，袖手，静静听讲。第二格刻一辆轺车奔驰。第三格刻轺车停立。第四、第五格皆刻荷戟、持弓骑吏行进。第六格上为牛拉屏车，下刻三只鸭。
著录与文献	榆林市文物管理委员会办公室、米脂县博物馆：《米脂县官庄村东汉画像石墓清理简报》，载《中国汉画研究》第二卷，2006 年，2-10 页，图 9。
出土/征集时间	1986 年出土
收藏地	米脂县博物馆
备注	左、右门柱画面使用同一模板制作。

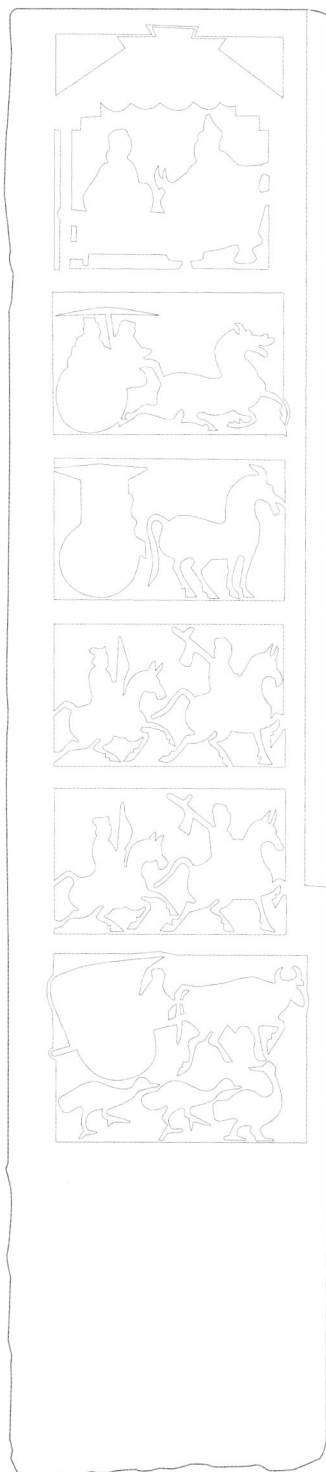

编号	SSX-MZ-018-15
时代	东汉
原收藏号	0149 B0038
出土地	米脂县官庄
原石尺寸	155×34×10
画面尺寸	111×26
质地	砂岩
原石情况	背面上段平整，下段凹凸不平，有斜条凿纹。上侧面平整、稀疏的凿痕。下侧面毛石状。左侧面靠正面1.5厘米处素面，靠背面刻斜条纹。右侧面凹凸不平，有斜条纹。
所属墓群	1986年 M1
组合关系	右门柱，与横楣石，左、右边柱，左门柱为墓室前室东壁五石组合。
画面简述	画面自上而下分为六格。第一格为对语图。帷幔下垂的厅堂内，二男子坐于榻上，右侧一人戴进贤冠、着袍，双臂张开，面对左侧的听者，作讲述状。左侧一人戴冠着袍，袖手，静静听讲。第二格刻一辆轺车奔驰。第三格刻轺车停立。第四、第五格皆刻荷戟、持弓骑吏行进。第六格上为牛拉屏车，下刻三只鸭。
著录与文献	榆林市文物管理委员会办公室、米脂县博物馆：《米脂县官庄村东汉画像石墓清理简报》，载《中国汉画研究》第二卷，2006年，2-10页，图9。
出土/征集时间	1986年出土
收藏地	米脂县博物馆

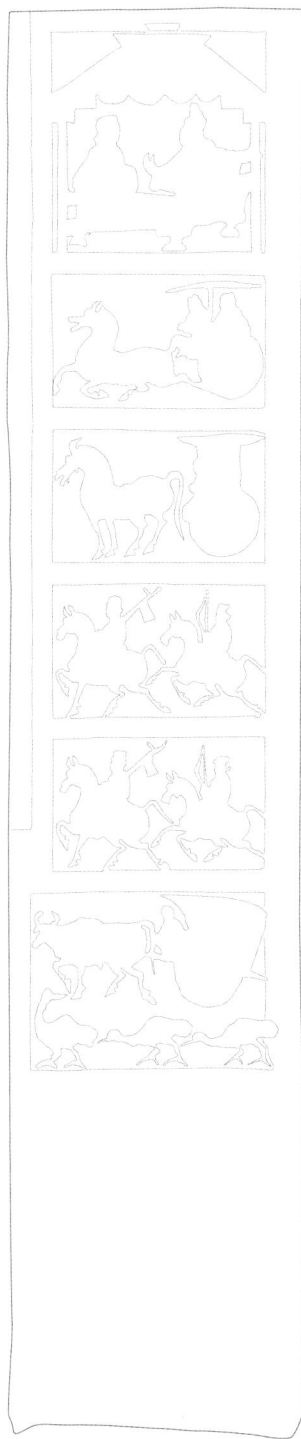

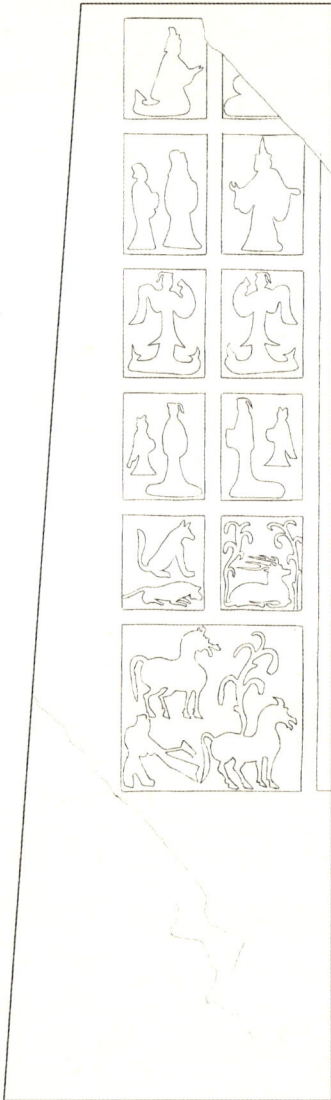

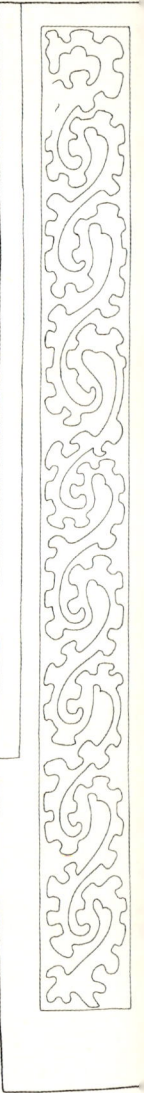

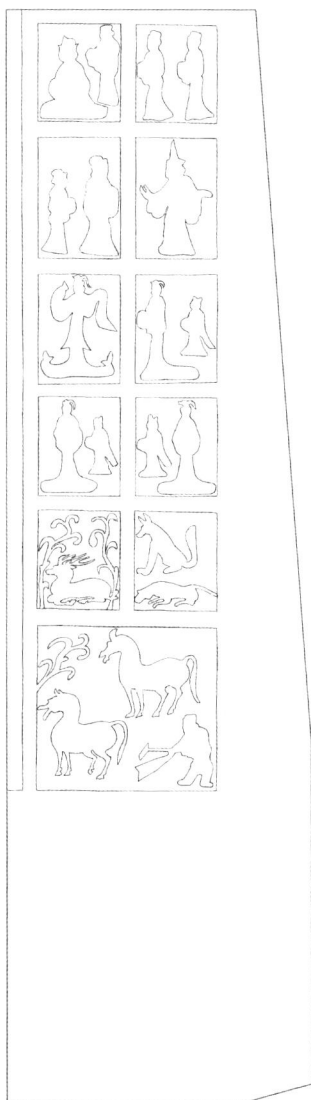

米脂县官庄 1986 年 M1 墓室前室北壁四石组合
SSX-MZ-018-16—SSX-MZ-018-19

编号	SSX-MZ-018-16
时代	东汉
原收藏号	0155 B0044
出土地	米脂县官庄
原石尺寸	286×39×12
画面尺寸	254×29
质地	砂岩
原石情况	背面平整。上、下侧面平整，凿斜条纹。左、右侧面呈毛石状。
所属墓群	1986 年 M1
组合关系	横楣石，与左、右门柱、中柱石为墓室前室北壁四石组合。
画面简述	画面分为上、下两栏。上栏为车骑行进图。画面由五辆轺车、一辆辎车、六个荷棨戟骑吏和一名徒手骑吏组成。其中轺车、荷棨戟骑吏使用同一模板制作。下栏为灵禽瑞兽和完璧归赵图。中间为历史故事《完璧归赵》。两边的瑞兽有仙兔捣药、羽人献瑞草、虎、麒麟、独角有翼犀牛形兽、双角翼龙、独角翼龙、瑞兽之间均以瑞草分隔。
著录与文献	榆林市文物管理委员会办公室、米脂县博物馆：《米脂县官庄村东汉画像石墓清理简报》，载《中国汉画研究》第二卷，2006 年，2-10 页，图 8。
出土/征集时间	1986 年出土
收藏地	米脂县博物馆

SSX-MZ-018-16（局部）

编号	SSX–MZ–018–17
时代	东汉
原收藏号	0746 B0068
出土地	米脂县官庄
原石尺寸	160×50×10
画面尺寸	111×26
质地	砂岩
原石情况	
所属墓群	1986 年 M1
组合关系	左门柱，与横楣石、右门柱、中柱石为墓室前室北壁四石组合。
画面简述	画面自上而下分为六格，上五格虽然加刻了分隔左右的竖栏，但它们之间的画面是相互联系的整体。第一格：左格内一人戴冠着袍，袍裾上翘，面右跽坐，一手前伸，向面前跽坐者作讲述状。第二格：左格一主一仆，戴平顶冠，着长袍，袖手右向躬立。右格一人戴通天冠，着长袍，两手外伸，身体转向左侧，作讲述状。第三格：两舞伎头梳垂髻鬓，身着袿衣，挥袖对舞。第四格：两妇人身着拖地长裙，头梳垂髻鬓，着宽袖衣和拖地长裙，正面站立。身后两小孩头梳双丫髻，身着长袍，穿披风站立。第五格：左格二犬一蹲一卧伏，右格一雄鹿卧伏，两旁各有一株瑞草。第六格：两匹马，一匹停立，一匹前行，后有一人一手执箕，一手勾铲，清除马粪。
著录与文献	榆林市文物管理委员会办公室、米脂县博物馆：《米脂县官庄村东汉画像石墓清理简报》，载《中国汉画研究》第二卷，2006 年，2-10 页，图 8。
出土/征集时间	1986 年出土
收藏地	米脂县博物馆

编号	SSX-MZ-018-18
时代	东汉
原收藏号	0162 B0051
出土地	米脂县官庄
原石尺寸	162×47×10
画面尺寸	111×26
质地	砂岩
原石情况	背面上部毛石状，下部平整。上侧面人字纹。下侧面毛石状。左侧面平整，有斜条纹。右侧面毛石状。
所属墓群	1986 年 M1
组合关系	右门柱，与横楣石、左门柱、中柱石为墓室前室北壁四石组合。
画面简述	画面自上而下分为六格，上五格虽然加刻了分左右的竖栏，但它们之间的画面是相互联系的整体。第一格：左格内一人戴冠着袍，袍裾上翘，面右跽坐，一手前伸，向面前跽坐者作讲述状。第二格：左格一主一仆，戴平顶冠，着长袍，袖手右向躬立。右格一人戴通天冠，着长袍，两手外伸，身体转向左侧，作说话状。第三格：两舞伎头梳垂髻髾，身着桂衣，挥袖对舞。第四格：两妇人身着拖地长裙，头梳垂髻髾，着宽袖衣和拖地长裙，正面站立。身后两小孩头梳双丫髻，身着长袍，穿披风站立。第五格：左格二犬一蹲一卧伏，右格一雄鹿卧伏，两旁各有一株瑞草。第六格：两匹马，一匹停立，一匹前行，后有一人一手执箕，一手持耙（？），清除马粪。
著录与文献	榆林市文物管理委员会办公室、米脂县博物馆：《米脂县官庄村东汉画像石墓清理简报》，载《中国汉画研究》第二卷，2006 年，2-10 页，图 8。
出土/征集时间	1986 年出土
收藏地	米脂县博物馆
备注	左、右门柱使用同一单体模板制作。

编号	SSX-MZ-018-19
时代	东汉
原收藏号	0743 B0065
出土地	米脂县官庄
原石尺寸	162×29×8
画面尺寸	
质地	砂岩
原石情况	
所属墓群	
组合关系	中柱石，与横楣石，左、右门柱为墓室前室北壁四石组合。
画面简述	卷云纹。
著录与文献	榆林市文物管理委员会办公室、米脂县博物馆:《米脂县官庄村东汉画像石墓清理简报》，载《中国汉画研究》第二卷，2006年，2-10页，图8。
出土/征集时间	1986年发现，1995年征集
收藏地	米脂县博物馆

编号	SSX-MZ-018-20
时代	东汉
原收藏号	0101 B0033
出土地	米脂县官庄
原石尺寸	259×41×10
画面尺寸	240×28
质地	砂岩
原石情况	背面平整。上、下侧面平整，有斜条纹。左侧面欠平整，有斜条纹。右侧面平整，有斜条纹。
所属墓群	1986年M1
组合关系	横楣石，与左、右门柱、中柱石为墓室前室内壁四石组合。
画面简述	画面分为上、下两栏。上栏为卷云鸟兽纹。云气纹间自左至右为一虎在前，一猛兽衔其尾。猛兽的长尾又有一垂发羽人拽着，鹿，长发仙人饲鹿，双角有翼鹿形兽，双角六足鹿形兽，仙人一手上举，入面鸟，长发羽人戏鸟，一长发羽人拽鸟，麒麟，二鸟，兔捣药，狐，双角有翼龙，独角翼龙，马，虎，飞鸟等。下栏为灵禽离端兽图，从左至右为飞鸟，独角翼兽，雄鹿屈伏，虎形兽，独角翼龙，虎形兽，长臂白长尾飞鸟，麒麟，独角有翼犀牛形兽，长臂猿，羽人，立鸟等。瑞兽之间都间隔以端草，并补白长尾飞鸟。飞鸟。
著录与文献	榆林市文物管理委员会办公室、米脂县博物馆：《米脂县官庄村东汉画像石墓清理简报》，载《中国汉画研究》第二卷，2006年，2-10页，图10。
出土/征集时间	1986年出土。
收藏地	米脂县博物馆

编号	SSX-MZ-018-21
时代	东汉
原收藏号	0744 B0066
出土地	米脂县官庄
原石尺寸	162×29×8
画面尺寸	110×15
质地	砂岩
原石情况	背面欠平整。上侧面平整，有斜条纹。下侧面毛石状。左侧面平整，有斜条纹。右侧面毛石状，兼有斜条纹。
所属墓群	1986 年 M1
组合关系	左门柱，与横楣石、右门柱、中柱石为墓室前室西壁四石组合。
画面简述	卷云纹。
著录与文献	榆林市文物管理委员会办公室、米脂县博物馆：《米脂县官庄村东汉画像石墓清理简报》，载《中国汉画研究》第二卷，2006 年，2-10 页，图 10。
出土/征集时间	1986 年出土
收藏地	米脂县博物馆

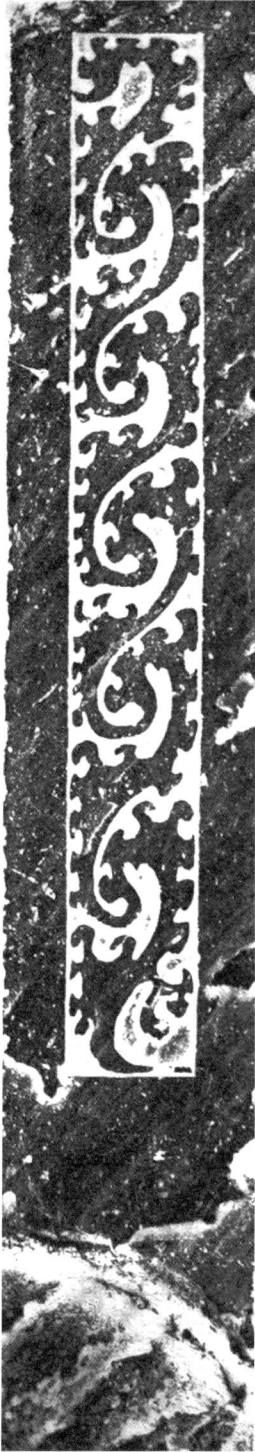

编号	SSX-MZ-018-22
时代	东汉
原收藏号	0743 B0065
出土地	米脂县官庄
原石尺寸	154×29×8
画面尺寸	113×10
质地	砂岩
原石情况	背面欠平整，有斜条纹和人字纹。上侧面欠平整，有凹坑。下侧面毛石状。左、右侧面平整，有人字纹。
所属墓群	1986 年 M1
组合关系	右门柱，与横楣石、左门柱、中柱石为墓室前室西壁四石组合。
画面简述	卷云纹。与图 SSX-MZ-018-21 成镜像对立。
著录与文献	榆林市文物管理委员会办公室、米脂县博物馆：《米脂县官庄村东汉画像石墓清理简报》，载《中国汉画研究》第二卷，2006 年，2-10 页，图 10。
出土/征集时间	1986 年出土，1995 年征集
收藏地	米脂县博物馆
备注	可能使用同一模板。

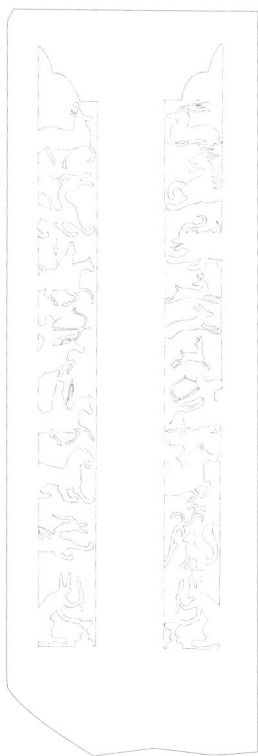

编号	SSX-MZ-018-23
时代	东汉
原收藏号	0160 B0049
出土地	米脂县官庄
原石尺寸	137×49×9
画面尺寸	106×33
质地	砂岩
原石情况	
所属墓群	1986 年 M1
组合关系	中柱石，与横楣石、左、右门柱为墓室前室西壁四石组合。
画面简述	画面正中为一柱，承托着斗栱。柱左、右的上下两段为瑞兽图，中间为狩猎图。瑞兽图从上至下有麒麟、独角翼龙、雄鹿卧伏、双角翼龙、独角有翼犀牛形兽、虎、仙兔捣药、狐。中段为狩猎图。有两执弓骑史、两拉弓追射猎物的骑史、惊恐奔逃的两只鹿、一只兔。
著录与文献	榆林市文物管理委员会办公室、米脂县博物馆：《米脂县官庄村东汉画像石墓清理简报》，载《中国汉画研究》第二卷，2006 年，2-10 页，图 10。
出土/征集时间	1986 年出土，1995 年征集
收藏地	米脂县博物馆

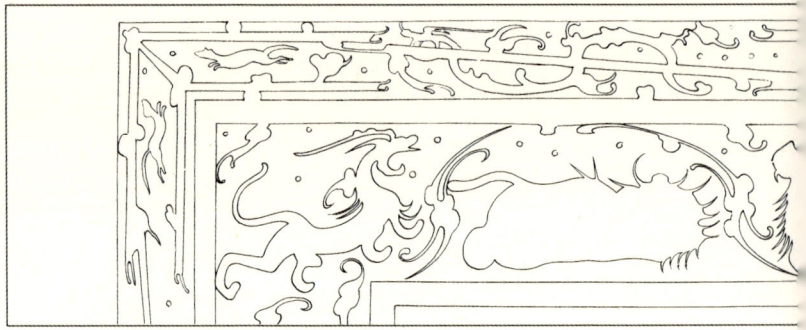

米脂县官庄墓门面五石组合
SSX-MZ-019-01—SSX-MZ-019-05

编号	SSX-MZ-019-01
时代	东汉
原收藏号	0856 B0095-1
出土地	米脂县官庄
原石尺寸	187×36×9
画面尺寸	158×32
质地	砂岩
原石情况	背面平整。上、下侧面平整，凿人字纹。左、右侧面呈毛石状。
所属墓群	
组合关系	门楣石，与左、右门柱，左、右门扉为墓门面五石组合。
画面简述	画面分内、外两栏。外栏为云气纹与条形纹交织，中间穿插鸟兽。从左至右为二奔狐、龙、二奔兔、狐、仙兔捣药。云气间还零散点缀着圆点。内栏为云气怪兽翼龙图。中间为一怪兽头，毛发蓬张，怒目直视。两旁各有一怪兽匍匐，头部毛发蓬张，左边一只身上还残留有墨线斑纹。在它们身后各有一个双角翼龙。怪兽之间云彩飞扬。整个画面图像刻的空白处点缀小圆点。
著录与文献	康兰英:《米脂官庄2001年出土的部分汉画像石简介》，载《中国汉画研究》第二卷，2006年，1页，图版一，图9。
出土/征集时间	2000年出土，2001年征集
收藏地	米脂县博物馆

SSX-MZ-019-01（局部）

编号	SSX-MZ-019-02
时代	东汉
原收藏号	0856 B0095-2
出土地	米脂县官庄
原石尺寸	120×46×6
画面尺寸	94×27
质地	砂岩
原石情况	背面平整，中间靠左边有凹坑。上侧面平整，凿细斜条纹。下侧面平整，凿人字纹。左侧面平整，凿细斜条纹。右侧面呈毛石状。
所属墓群	
组合关系	左门柱，与门楣石，右门柱，左、右门扉为墓门面五石组合。
画面简述	画面分内、外两栏。外栏为云气纹与直条纹交织，一朵云气上站立着一只小鸟。内栏分上、下两格。上格为朱雀收翅站立，抖冠翘尾羽。下格为一门吏戴帻，着长襦大袴，双手拥彗面门躬立。身上残存墨线勾勒痕，长襦底襟边缘外露一圈皮毛边絮状纹饰，似为着皮毛外露的皮装。
著录与文献	未发表
出土/征集时间	2000 年出土，2001 年征集
收藏地	米脂县博物馆

编号	SSX-MZ-019-03
时代	东汉
原收藏号	0856 B0095-3
出土地	米脂县官庄
原石尺寸	120×46×6
画面尺寸	94×27
质地	砂岩
原石情况	背面平整。上侧面平整。下侧面平整，凿人字纹。左侧面欠平整，凿斜条纹。右侧面平整，凿人字纹。
所属墓群	
组合关系	右门柱，与门楣石、左门柱，左、右门扉为墓门面五石组合。
画面简述	画面分内、外两栏。外栏为云气纹与直条纹交织，一朵云气上站立着一只小鸟。内栏分上、下两格。上格为朱雀收翅站立，抖冠翘尾羽。下格为戴高冠着长袍门吏，双手捧盾（？），面门躬立。他长须、领口和袖口存留有墨线勾勒痕，长襦底襟有一圈缨絮状纹饰，似为衣服外露的皮毛，似着皮装。
著录与文献	未发表
出土/征集时间	2000年出土，2001年征集
收藏地	米脂县博物馆

84

编号	SSX-MZ-019-04
时代	东汉
原收藏号	0856 B0095-4
出土地	米脂县官庄
原石尺寸	110×50×5
画面尺寸	88×34
质地	砂岩
原石情况	背面平整。上、下侧面平整，有人字纹。左侧面平整，有竖细条纹。右侧面平整，有人字纹。
所属墓群	
组合关系	左门扉，与门楣石，左、右门柱，右门扉为墓门面五石组合。
画面简述	朱雀、铺首、独角兽。铺首的造型较特别，有角无耳，额部突起呈圆形，兽头完全处在圆环之内。眼晴用阴线刻成菱形。兽口以墨线勾画。独角兽身上有墨线残留。
著录与文献	未发表
出土/征集时间	2000 年出土，2001 年征集
收藏地	米脂县博物馆
备注	风格差异显著，不知是否为后来混入。残留墨线。

编号	SSX-MZ-019-05
时代	东汉
原收藏号	0856 B0095-5
出土地	米脂县官庄
原石尺寸	109×52×5
画面尺寸	88×35
质地	砂岩
原石情况	背面平整。上侧面平整，凿不规则斜条纹。下侧面和左侧面皆平整，凿人字纹。右侧面平整，凿斜条纹。
所属墓群	
组合关系	右门扉，与门楣石，左、右门柱，左门扉为墓门面五石组合。
画面简述	朱雀、铺首、独角兽。铺首的造型较特别，有角无耳，额部突起呈圆形，兽头完全处在圆环之内。眼睛用阴线刻成小小的菱形。兽口以墨线勾画。独角兽身上有墨线残留。
著录与文献	未发表
出土/征集时间	2000 年出土，2001 年征集
收藏地	米脂县博物馆

米脂县官庄墓室前室前壁三石组合
SSX-MZ-019-06—SSX-MZ-019-08

编号	SSX-MZ-019-06
时代	东汉
原收藏号	0860 B0099-1
出土地	米脂县官庄
原石尺寸	292×35×9
画面尺寸	274×28
质地	砂岩
原石情况	背面平整。上侧面平整，有人字纹。下侧面平整，左、右两端素面，中间人字纹。左、右侧面毛石状。
所属墓群	
组合关系	横楣石，与左、右门柱为墓室前室前壁三石组合。
画面简述	画面分内、外两栏。外栏为云气鸟兽纹，两端各有一个怪兽头。云气纹中有飞鸟、猿、狐、二鸟。内栏为云气怪兽图。从左至右为羽人，熊似虎怪兽匍匐，翼虎，毛发蓬张、怒目直视的怪兽头，双角翼龙，怪兽回首，披毛怪兽。
著录与文献	未发表
出土/征集时间	2000 年出土，2001 年征集
收藏地	米脂县博物馆

SSX-MZ-019-06（局部）

编号	SSX-MZ-019-08
时代	东汉
原收藏号	0860 B0099-3
出土地	米脂县官庄
原石尺寸	127×106×8
画面尺寸	105×81
质地	砂岩
原石情况	背面平整。上侧面平整,有细条纹。下侧面毛石状。左侧面中间有凹下部分,有人字纹。右侧面平整。
所属墓群	
组合关系	右门柱,与横楣石、左门柱为墓室前室前壁三石组合。
画面简述	画面分为左、中、右三栏。 左、右栏为云气禽兽纹。中栏为公羊图。周围云气缭绕,一朱雀落站在飘绕的卷云之上,另一朱雀站立在地上,张口作鸣叫状。云气中一鸟飞翔,一鸟停息。
著录与文献	康兰英:《米脂官庄2001年出土的部分汉画像石简介》,载《中国汉画研究》第二卷,2006年,1页,图版一,图1。
出土/征集时间	2000年出土,2001年征集
收藏地	米脂县博物馆

米脂县官庄墓室前室后壁四石组合
SSX-MZ-019-09—SSX-MZ-019-12

编号	SSX-MZ-019-09
时代	东汉
原收藏号	0857 B0096-1
出土地	米脂县官庄
原石尺寸	324×34×11
画面尺寸	274×26
质地	砂岩
原石情况	上、下侧面平整，凿人字纹。左、右侧面呈毛石状。
所属墓群	
组合关系	横楣石，与左、右门柱，中柱石为墓室前室后壁四石组合。
画面简述	画面分为内、外两栏。外栏为卷云鸟兽纹。卷云间有奔鹿、狐，另一人首人身（两腿特殊，难以描述。胯下垂吊的是尾巴还是夸张了的男性性征？）。内栏左是一座有围墙的大院，院内中部有一亭式建筑，四周有围栏。院内有人执彗打扫院落，有人捧物行走。围墙外左右都有人恭迎奔驰而来的车骑一行。左有四个人着袍捧觿，并排躬身站立。右有两人着袍捧觿，并排躬身站立。之后一门卒着袍拥彗深深地弯腰站立。前面中间一人着袍捧盾（？）站立，之前有两树表之阙（？）。一车马行列奔驰而来。从左至右为二骑吏先导，三辆轺车，二骑吏、二伍伯，安车，四骑吏，轺车，二骑吏，辎车，五骑吏、一随从。道路两旁树木林立，院落的围墙内、外亦有树木生长，墙外的树冠高出围墙。此院落应是在野外，加之院落内除中间的亭式建筑外，四边没有房屋，依此推测该建筑可能是一座祠堂。
著录与文献	未发表
出土/征集时间	2000 年出土，2001 年征集
收藏地	米脂县博物馆

SSX-MZ-019-09（局部）

编号	SSX-MZ-019-10
时代	东汉
原收藏号	0857 B0096-2
出土地	米脂县官庄
原石尺寸	123×60×10
画面尺寸	100×42
质地	砂岩
原石情况	背面平整。上侧面平整。下侧面毛石状。左侧面平整，有凿纹。右侧面毛石状。
所属墓群	
组合关系	左门柱，与横楣石、右门柱、中柱石为墓室前室后壁四石组合。
画面简述	画面分为左、中、右三栏。左栏为云气纹，云气中有一兽似龙。右栏为卷云纹。中栏分上、下两格。上格为神树，左边的云朵上东王公头戴山形冠，臂背生羽翼，向右而坐，对面的云朵上玉兔双臂前伸，面东王公站立。上方为卷云式华盖，盖顶一鸟站立。树干间有双头鸟、麒麟、虎。下格一似虎的毛发蓬张的怪兽头，位于弯曲的树干上，树干间两旁有奔鹿、龙首。
著录与文献	康兰英：《米脂官庄 2001 年出土的部分汉画像石简介》，载《中国汉画研究》第二卷，2006 年，1 页，图版一，图 7。
出土/征集时间	2000 年出土，2001 年征集
收藏地	米脂县博物馆

编号	SSX-MZ-019-11
时代	东汉
原收藏号	0857 B0096-3
出土地	米脂县官庄
原石尺寸	126×64×11
画面尺寸	97×42
质地	砂岩
原石情况	正面右约9厘米处减地并凿不规则纹。背面平整，右上角残凹。上侧面平整。下侧面毛石呈鱼脊状。左侧面平整，有凿痕。右侧面呈毛石状。
所属墓群	
组合关系	右门柱，与横楣石、左门柱、中柱石为墓室前室后壁四石组合。
画面简述	画面分左、中、右三栏。左栏为卷云纹。右栏为卷云纹与直条纹交织的云气纹，云气幻化出两个龙头。中栏分上、下两格。上格神树之上，西王母头戴胜仗，臂背生羽翼，面左端坐。面前是一玉兔捣药。上方为卷云式华盖，盖顶停一鸟。树干间有三角怪尾兽、鸡首人身神、鹿。下格一似虎的毛发蓬张的怪兽头，位于弯曲的树干上，树干间有奔虎、怪兽在奔跑。
著录与文献	康兰英：《米脂官庄2001年出土的部分汉画像石简介》，载《中国汉画研究》第二卷，2006年，1页，图版一，图8。
出土/征集时间	2000年出土，2001年征集
收藏地	米脂县博物馆

编号	SSX-MZ-019-12
时代	东汉
原收藏号	0858 B0097-3
出土地	米脂县官庄
原石尺寸	107×14×7
画面尺寸	101×12
质地	砂岩
原石情况	背面平整，有横凿纹。上侧面平整，下侧面平整，呈斜面。左、右侧面平整，有细凿纹。
所属墓群	
组合关系	中柱石顶头正面，二块中柱石并列，各两侧皆有图像，共四种，分别为SSX-MZ-019-13——SSX-MZ-019-16，与横楣石，左、右门柱为墓室前室后壁四石组合。此石为前室后壁的中柱石，它将前室通往后室的甬道一分为二。
画面简述	画面中一立柱，上承斗栱。一朱鸟绕柱引颈向上，一龙缠绕于柱身，扶摇直上。柱身旁有羽人、兔。
著录与文献	康兰英：《米脂官庄2001年出土的部分汉画像石简介》，载《中国汉画研究》第二卷，2006年，1页，图版一，图6。
出土/征集时间	2000年出土，2001年征集
收藏地	米脂县博物馆

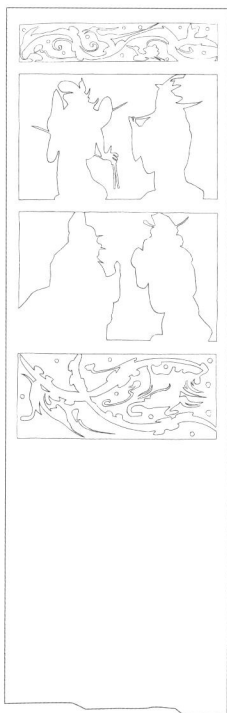

编号	SSX-MZ-019-13
时代	东汉
原收藏号	0858 B0097-2
出土地	米脂县官庄
原石尺寸	141×46×13
画面尺寸	82×39
质地	砂岩
原石情况	
所属墓群	
组合关系	中柱石左面，与中柱石右面，左、右边柱为甬道四石组合。
画面简述	自上而下分为四格。第一、第四格为卷云鸟兽纹。第一格卷云纹中有仙人骑鹤、朱鸟、奔兔。第四格卷云纹中有一熊舞动。第二格两人相对而立。居左者头顶露发髻，身着官服，腰佩长剑，一手按剑柄跪于地。两肩部竖不明物。形态威猛，似为武士。居右者戴冠（？）着袍，长须飘拂，一手前伸，面对武士呈讲述状。第三格刻二人相对，左一人戴进贤冠，身着袍，手捧一物跽坐。右一人戴冠着袍，亦手中捧物（拱手？），两人相对，似在交谈。
著录与文献	康兰英：《米脂官庄 2001 年出土的部分汉画像石简介》，载《中国汉画研究》第二卷，2006 年，1 页，图版一，图 12。
出土/征集时间	2000 年出土，2001 年征集
收藏地	米脂县博物馆

0858B0097-2

883B97-2

9W

112

编号	SSX-MZ-019-14
时代	东汉
原收藏号	0858 B0097-2
出土地	米脂县官庄
原石尺寸	141×46×13
画面尺寸	84×40
质地	砂岩
原石情况	此石双面有画像。上侧面平整，有人字纹。下侧面毛石状。左、右侧面平整，有人字纹。
所属墓群	
组合关系	中柱石右面，与中柱石左面、左、右边柱为甬道四石组合。
画面简述	自上而下分为四格。第一、第四格为卷云鸟兽纹。第一格卷云纹中有羽人、飞鸟。第四格卷云纹中有羽人、怪兽、朱雀、奔兔。第二格刻男女二人。左一女子头梳倭髻，身着长袍，踞坐于榻上，一手前伸，与对面的男子说话。右一男子戴冠着袍，袖手相拜。第三格刻男女二人。左边为一女子，梳双丫髻，着拖地长裙，呈回首拂袖状。右一男子戴冠（？）着袍，面对女子一手前伸，一手上举，作追逐招呼状。疑为历史故事《秋胡戏妻》。
著录与文献	康兰英：《米脂官庄2001年出土的部分汉画像石简介》，载《中国汉画研究》第二卷，2006年，1页，图版一，图11。
出土/征集时间	2000年出土，2001年征集
收藏地	米脂县博物馆

编号	SSX-MZ-019-15
时代	东汉
原收藏号	0858 B0097-4
出土地	米脂县官庄
原石尺寸	134×48×(5-12)
画面尺寸	84×42
质地	砂岩
原石情况	背面凹凸不平。上侧面欠平整，有凿痕。下侧面毛石状。左、右侧面平整，有斜条纹。
所属墓群	
组合关系	甬道壁石，与甬道隔墙石为左甬道二石组合。
画面简述	自上而下分为四格。第一、第四格为卷云鸟兽纹。第一格卷云纹中有飞鸟。第四格卷云纹中有羽人、怪兽、朱雀。第二格左一女子，头梳倭髻，面右跽坐，身体前倾，一手前伸作推辞（制止？）状。右一男子戴冠着袍，身体前倾，面左躬立，作施礼状。第三格二人相对，左为女性右向跽坐，右一人戴冠着长袍，面女性拥袖（捧物？）站立。
著录与文献	未发表
出土/征集时间	2000年出土，2001年征集
收藏地	米脂县博物馆

编号	SSX-MZ-019-16
时代	东汉
原收藏号	0858 B0097-5
出土地	米脂县官庄
原石尺寸	131×48×(8-15)
画面尺寸	84×42
质地	砂岩
原石情况	背面凹凸不平。上侧面平整，有斜条纹。下侧面毛石状。左、右侧面平整，有斜条纹。
所属墓群	
组合关系	甬道壁石，与隔墙石为右甬道二石组合，在右甬道。
画面简述	自上而下分为四格。第一、第四格为卷云鸟兽纹。第一格卷云纹中有奔鹿、羽人。第四格卷云纹中有狐、怪兽、兔。第二格二男子皆戴进贤冠着袍，佩剑对面站立，左一人拱手面右躬立，右一人长须，一手前伸，似在讲述。第三格刻二男子，皆戴冠着袍，拱手对揖，其中左一人戴进贤冠，右一人戴通天冠。
著录与文献	未发表
出土/征集时间	2000 年出土，2001 年征集
收藏地	米脂县博物馆

米脂县官庄墓室前室前壁五石组合
SSX-MZ-019-17—SSX-MZ-019-21

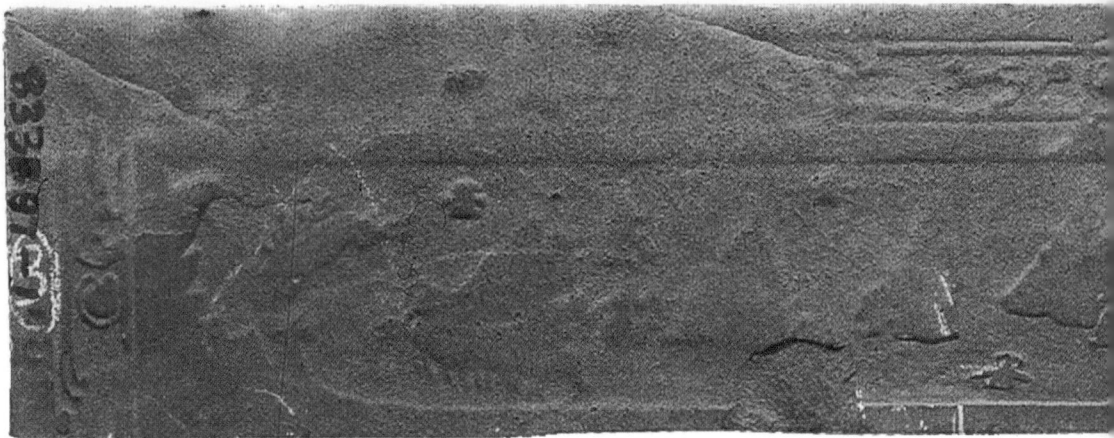

编号	SSX-MZ-019-17
时代	东汉
原收藏号	0858 B0097-1
出土地	米脂县官庄
原石尺寸	291×34×6
画面尺寸	281×28
质地	砂岩
原石情况	
所属墓群	
组合关系	横楣石，与左、右边柱，左、右门柱为墓室前室前壁五石组合。
画面简述	画面分内、外两栏。外栏为卷云鸟兽纹，卷云中有翼龙、四足兽、兔、鸟。内栏左、右两边剥蚀严重，画面漫漶。左端可见连绵起伏的山峰，还有羽人、飞鸟、怪兽、数匹马组成的马队，之前有两人行进。三棵茂盛大树前三个兽首人身怪物跪伏。中段一人带帻巾，骑马奔驰。三名戴冠着袍者骑马伫立，面对另一支庞大的马队。这个马队为首者头戴进贤冠，姿态威武。身后的三骑吏均执兵器随行。接着是一支十四马和骑手组成的庞大的马队，每个骑手均执棒状兵器，最右边的骑手荷旌。马队之后一骑吏荷旌，执一圆形物伫立。右段剥蚀漫漶，依稀可见一猎手张弓追射，画面上兔走狐奔鸟惊飞。道路两边有较多的松柏树。画面补白了飞鸟。
著录与文献	未发表
出土/征集时间	2000 年出土，2001 年征集
收藏地	米脂县博物馆

SSX-MZ-019-17（局部）

编号	SSX-MZ-019-18
时代	东汉
原收藏号	0859 B0098-2
出土地	米脂县官庄
原石尺寸	128×26×6
画面尺寸	105×19
质地	砂岩
原石情况	正面上部剥蚀严重，背部平整，中上部有一块凸起。上侧面平整，无凿纹，能看到平口刀的铲痕。左侧面平整，靠近正面有不规整凿痕。右侧面平整，靠近背面有不规则斜条纹。下侧呈毛石状。
所属墓群	
组合关系	左边柱，与横楣石，右边柱，左、右门柱为墓室前室前壁五石组合。
画面简述	画面分内、外两栏。外栏为卷云鸟兽纹，卷云中有飞鸟、立鸟。内栏分上、下两格。上格有一个怪兽头，两个大角在头顶端竖。角上顶着一个圆环。怪兽怒目圆睁，龇牙咧嘴。怪兽头下麒麟站立。下格上方为羚羊伫立，下为一虎。上、下两格的背景均为云气纹。
著录与文献	未发表
出土/征集时间	2000年出土，2001年征集
收藏地	米脂县博物馆

编号	SSX-MZ-019-19
时代	东汉
原收藏号	0859 B0098-3
出土地	米脂县官庄
原石尺寸	127×26×7
画面尺寸	105×19
质地	砂岩
原石情况	背面平整，下端有凸起部分。上侧面平整。下侧面毛石状。左、右侧面平整，有凿纹。
所属墓群	
组合关系	右边柱，与横楣石，左边柱，左、右门柱为墓室前室前壁五石组合。
画面简述	画面分内、外两栏。外栏为卷云和竖条交织的鸟兽纹，卷云中有怪兽、朱鸟。内栏分上、下两格。上格上部有一个怪兽头，短耳，有须。头顶上方有一个圆璧。怪兽怒目圆睁，龇牙咧嘴。下部是一只有翼麒麟。下格流云中有羽人、龙。上、下两格的背景均为云气纹。
著录与文献	未发表
出土/征集时间	2000 年出土，2001 年征集
收藏地	米脂县博物馆

编号	SSX-MZ-019-20
时代	东汉
原收藏号	0914 B0124
出土地	米脂县官庄
原石尺寸	124×36×4
画面尺寸	108×28
质地	砂岩
原石情况	背面平整，左下部一角剥蚀。上侧面平整。下侧面欠平整。左侧面平整，宽口刀铲痕可见。右侧面平整，有规整人字纹。
所属墓群	
组合关系	左门柱，与横楣石，左、右边柱，右门柱为墓室前室前壁五石组合。
画面简述	画面分内、外两栏。外栏为云气纹。内栏分上、下两格。上格为仙山神树之间，两羽人博弈。头顶有三角形华盖，华盖上有一兽神爬行，下有朱鸟站立。树上方有山峰状突起。树干间有立鸟、飞鸟、狐、倒照鹿。下格一牛首人身神怪，着袍，荷长剑，侧身躬立。画面背景为云气纹。
著录与文献	康兰英：《米脂官庄2001年出土的部分汉画像石简介》，载《中国汉画研究》第二卷，2006年，1页，图版一，图3。
出土/征集时间	2000年出土，2001年征集
收藏地	米脂县博物馆

编号	SSX-MZ-019-21
时代	东汉
原收藏号	0915 B0125
出土地	米脂县官庄
原石尺寸	127×36×7
画面尺寸	111×28
质地	砂岩
原石情况	背面凹凸不平。上侧面平整。下侧面毛石状。左侧面平整，有人字纹。右侧面平整。
所属墓群	
组合关系	右门柱，与横楣石，左、右边柱，左门柱为墓室前室前壁五石组合。
画面简述	画面分内、外两栏。外栏为云气纹。内栏分上、下两格。上格为西王母头戴胜仗，背生羽翼，正面端坐于山峰突兀的仙山神树之间。一羽人向西王母跪献瑞草，一狐奔走，玉兔捣药。下格刻一鸡首人身神怪，着袍，荷长剑，侧面躬立。背景补白云气纹。
著录与文献	康兰英：《米脂官庄2001年出土的部分汉画像石简介》，载《中国汉画研究》第二卷，2006年，1页，图版一，图4。
出土/征集时间	2000年出土，2001年征集
收藏地	米脂县博物馆

米脂县官庄墓室后室后壁五石组合
SSX-MZ-019-22—SSX-MZ-019-26

编号	SSX-MZ-019-22
时代	东汉
原收藏号	0859 B0098-1
出土地	米脂县官庄
原石尺寸	291×34×6
画面尺寸	280×29
质地	砂岩
原石情况	背面平整。上侧面平整,凿斜条纹。下侧面、左侧面、右侧面平整。
所属墓群	
组合关系	横楣石,与左、右边柱,左、右门柱为墓室后室后壁五石组合。
画面简述	画面分上、下两栏。上栏为云气禽兽纹,云气间有龙、鱼、兔、四飞鸟。下栏左右两边剥蚀漫漶。左段依稀可见的有骑吏,数马组成的马队,树、飞鸟。中段一骑吏前导,两骑吏一人荷旌,一人执一圆形物。身后是一支由十二名骑手组成的庞大的马队,每人手中皆执长矛状武器。他们身后九骑吏各执武器,其中一人荷旌。右段漫漶严重,图像难以辨识。画面上山峦起伏,树木丛生,鸟儿惊飞。
著录与文献	未发表
出土/征集时间	2000 年出土,2001 年征集
收藏地	米脂县博物馆

SSX-MZ-019-22(局部)

编号	SSX-MZ-019-23
时代	东汉
原收藏号	0857 B0096-4
出土地	米脂县官庄
原石尺寸	120×25×6
画面尺寸	107×19
质地	砂岩
原石情况	背面平整。上侧面平整，有凿痕。下侧面欠平整，中段稍凹。左侧面平整，凿斜条纹。右侧面欠平整，有不规则凿纹，靠背面处稍凸起。
所属墓群	
组合关系	左边柱，与横楣石，右边柱，左、右门柱为墓室后室后壁五石组合。
画面简述	画面分内、外两栏。外栏为卷云鸟兽纹，卷云间有立鸟和飞鸟。内栏分上、下两格。上格一瞠目龇牙怪兽头，头正中生一角，钩挂于上方的圆环之上。头顶两边各立一人拥袖对揖。怪兽头的下方，一蛤蟆形怪兽站立。下格为独角鹿形兽和枭。画面的背景云气缭绕，鸟儿飞翔。
著录与文献	未发表
出土/征集时间	2000 年出土，2001 年征集
收藏地	米脂县博物馆

编号	SSX-MZ-019-24
时代	东汉
原收藏号	0857 B0096-5
出土地	米脂县官庄
原石尺寸	122×26×6
画面尺寸	107×20
质地	砂岩
原石情况	背面平整。上侧面平整，有凿纹。下侧面平整。左侧面平整，靠正面处凿条纹。右侧面平整，有不规则凿纹。
所属墓群	
组合关系	右边柱，与横楣石，左边柱，左、右门柱为墓室后室后壁五石组合。
画面简述	画面分内、外两栏。外栏为卷云鸟兽纹，卷云间有怪兽和飞鸟。内栏分上、下两格。上格一瞠目龇牙怪兽头，头正中生一角，角上有勾，挂于上方的圆环之上。头顶两边各立一人拥袖对揖。怪兽头的下方，一蛤蟆形怪兽站立。下格为三怪兽站立。画面的背景云气缭绕。
著录与文献	未发表
出土/征集时间	2000 年出土，2001 年征集
收藏地	米脂县博物馆

140

编号	SSX-MZ-019-25
时代	东汉
原收藏号	0916 B0126
出土地	米脂县官庄
原石尺寸	128×36×5
画面尺寸	107×28
质地	砂岩
原石情况	背面石面欠平整。上侧面平整，有铁石圆点和铁器痕，疑为门柱和楣石之间加铁楔的残留。下侧面毛石状。左侧面平整，有斜条纹。右侧面平整，有细凿纹。
所属墓群	
组合关系	左门柱，与横楣石、左、右边柱，右门柱为墓室后室后壁五石组合。
画面简述	画面分内、外两栏。外栏为云气纹。内栏分上、下两格。上格为仙山神树之上，东王公头戴山形冠，瞠目龇牙。臂背生羽翼，正面端坐。顶上有三角形华盖，华盖上有怪兽和龙背向而行。左上方有山崖凸起，树干间有雄鹿、狐、立鸟。下格为一虎首人身怪兽，瞠目龇牙，毛发蓬张。它身着长袍，手执环首刀，侧面站立。它的衣袖部分仅有外轮廓的线条，疑为工匠不慎将不需要减地的地方铲去所致。
著录与文献	未发表
出土/征集时间	2000年出土，2001年征集
收藏地	米脂县博物馆

编号	SSX-MZ-019-26
时代	东汉
原收藏号	0917 B0127
出土地	米脂县官庄
原石尺寸	125×26×4
画面尺寸	107×28
质地	砂岩
原石情况	背面中段平整，上下稍有凸起部分。上侧面平整。下侧面毛石状。左侧面平整，有细凿纹。右侧面平整，靠近背面处有不规则凿纹。
所属墓群	
组合关系	右门柱，与横楣石，左、右边柱，左门柱为墓室后室后壁五石组合。
画面简述	画面分内、外两栏。外栏为云气纹。内栏分上、下两格。上格为仙山神树顶上，一怪兽头生两短耳，浑身披长毛，双手举一物，蹦跳起舞，形态似熊。怪兽的右边山峰凸起。顶上有三角形华盖（？），上有一龙。神架上用墨线加绘点线，似流云纹。树干间有鹿、一虎形兽（雄狮？）。下格一门吏，颔上有须飘拂，头戴帻巾，身着长襦大袴，双手拥彗，侧身面门站立。门吏的领口和袖口都用墨线描画，长襦的边缘下垂一圈边饰，似外露的皮毛。
著录与文献	未发表
出土/征集时间	2000 年出土，2001 年征集
收藏地	米脂县博物馆

144

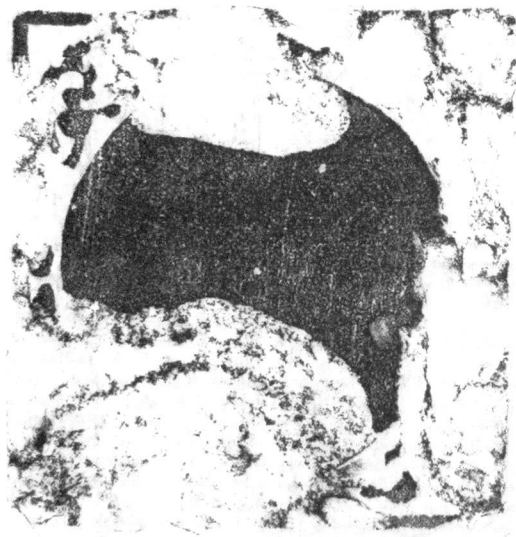

编号	SSX-MZ-019-27
时代	东汉
原收藏号	0861 B0100
出土地	米脂县官庄
原石尺寸	37×36×17
画面尺寸	26×26
质地	砂岩
原石情况	背面欠平整，有凿痕。上、下、左、右侧面平整，凿斜条纹。
所属墓群	
组合关系	墓室前室顶
画面简述	画面残损严重，从残留部分看，方框边缘原有一圈较窄的棱，中央有一个圆，在它们之间刻有云纹。圆形边缘距圆心三分之二以内的圆形区域涂以朱色，又在此小圆形内用黑色绘三足乌。
著录与文献	未发表
出土/征集时间	2000 年出土，2001 年征集
收藏地	米脂县博物馆

米脂县官庄 2005 年 M1 墓门面五石组合
SSX-MZ-020-01—SSX-MZ-020-05

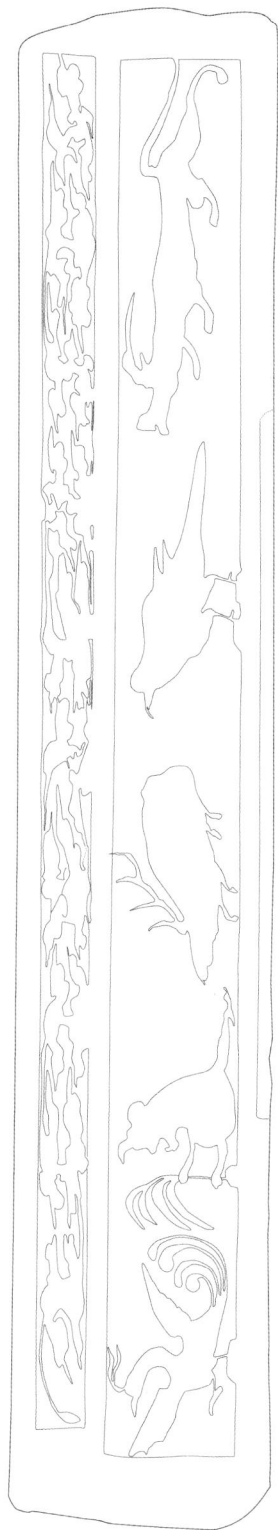

编号	SSX-MZ-020-01
时代	东汉
原收藏号	
出土地	米脂县官庄
原石尺寸	35×195×6.5
画面尺寸	27×179
质地	砂岩
原石情况	断为两截，上侧面有一处残蚀。石面上有一处原生石疵，径2厘米。
所属墓群	2005年M1
组合关系	门楣石、与左、右门柱、左、右门槛为墓门面五石组合。
画面简述	内容分为上、下两栏。上栏刻绘云气纹，是为边饰。羽毛以半圆形和椭圆形曲线排列，羽端内墨彩画圆点。一怪兽兽口露獠牙、双目圆睁、体肥胖而略显苯拙。尾羽。双爪扶仙草，身上墨线画半圆圈纹表现皮毛。一雄鹿、卧状、右鹿角呈四节枝杈向后挺立。左鹿角以墨线绘于躯体之上。细部用墨线勾绘。一鸟站立、尖喙、长尾，身上墨绘长弧线和半圆圈纹。一龙首瑞兽作伴走状。其眼睛、舌、鼻等以墨彩描绘。颈部鳞羽以墨点表示。躯体墨绘弧线纹和半圆圈纹。尾超出画面进入边框，用墨线勾勒。下栏刻绘灵禽瑞兽图。自左至右为一朱雀昂首伸颈，振翅抬足，作欲飞状。墨线勾描眼睛。
著录与文献	榆林市文物保护研究所、榆林市文物考古勘探工作队编著：《米脂官庄画像石墓》。北京：文物出版社，2009年，26页，图二二，彩版一三。
出土/征集时间	2005年出土
收藏地	米脂县博物馆

编号	SSX-MZ-020-02
时代	东汉
原收藏号	
出土地	米脂县官庄
原石尺寸	127×35×(5.5-6.5)
画面尺寸	109×26.5
质地	砂岩
原石情况	左上边侧有一原生锈色石疵，下侧面不平整呈毛石状。
所属墓群	2005 年 M1
组合关系	左门柱，与门楣石，右门柱，左、右门扉为墓门面五石组合。
画面简述	画面分为内、外两栏。外栏为卷云纹。内栏分为上、下两层。上层为西王母挽髻着袍，面右高踞于仙山神树之上，头顶有云朵形伞盖遮罩，树干间一鸟缩颈垂尾站立。下层为执牍（或盾）门吏图。门吏头戴武弁大冠，冠下包巾长披颈后（或为另一种冠式），身穿长襦大袴，隆背躬身，双手捧牍（或盾），面门而立。袍服衣褶以墨彩勾绘。
著录与文献	榆林市文物保护研究所、榆林市文物考古勘探工作队编著：《米脂官庄画像石墓》，北京：文物出版社，2009 年，28 页，图二四，彩版一四，1。
出土/征集时间	2005 年出土
收藏地	米脂县博物馆

编号	SSX-MZ-020-03
时代	东汉
原收藏号	
出土地	米脂县官庄
原石尺寸	142×36×(5-6.5)
画面尺寸	110.5×27.5
质地	砂岩
原石情况	下侧面呈毛石状。右侧面欠平整，有磕碰痕迹。正面欠平整。
所属墓群	2005 年 M1
组合关系	右门柱，与门楣石、左门柱、左、右门扉为墓门面五石组合。
画面简述	画面分为内、外两栏。外栏为卷云纹。内栏分为上、下两层。上层仙人头戴山形冠，坐于神山仙树之巅。头顶有云朵形伞盖。树干间一鸟缩颈回首静立。尾羽下垂伸出边框的部分以墨线绘出。眼、喙、羽、爪等细部也用墨彩勾绘。下层门吏头戴帻巾，双手拥彗，面门。人物五官、衣纹等用墨线勾勒。
著录与文献	榆林市文物保护研究所、榆林市文物考古勘探工作队编著：《米脂官庄画像石墓》，北京：文物出版社，2009 年，29 页，图二六，彩版一四，2。
出土/征集时间	2005 年出土
收藏地	米脂县博物馆

编号	SSX-MZ-020-04
时代	东汉
原收藏号	
出土地	米脂县官庄
原石尺寸	112.5×49.5×3.5
画面尺寸	95×34
质地	砂岩
原石情况	
所属墓群	2005 年 M1
组合关系	左门扉，与门楣石，左、右门柱，右门扉为墓门面五石组合。
画面简述	朱雀、铺首衔环。物像细部有墨彩勾绘痕。
著录与文献	榆林市文物保护研究所、榆林市文物考古勘探工作队编著：《米脂官庄画像石墓》，北京：文物出版社，2009 年，30 页，图二八，彩版一五，1。
出土/征集时间	2005 年出土
收藏地	米脂县博物馆

编号	SSX-MZ-020-05
时代	东汉
原收藏号	
出土地	米脂县官庄
原石尺寸	113×49×4
画面尺寸	85×34
质地	砂岩
原石情况	
所属墓群	2005 年 M1
组合关系	右门扉，与门楣石、左、右门柱、左门扉为墓门面五石组合。
画面简述	朱雀、铺首衔环。朱雀顶翎超出画面，在上边框部分墨绘完成。左翅伸入边框部分亦用墨线画就。翅羽、尾羽以墨彩勾勒弧线。铺首兽面，额似山形，双角（耳）作云朵形。颔下飘动三绺胡须，两颊各飞扬四撮鬓毛，兽面用墨线勾绘画面部眉、眼、齿等，口形阴刻，内阳刻獠牙和上门齿。
著录与文献	榆林市文物保护研究所、榆林市文物考古勘探工作队编著：《米脂官庄画像石墓》，北京：文物出版社，2009 年，31 页，图三〇，彩版一五，2。
出土/征集时间	2005 年出土
收藏地	米脂县博物馆

米脂县官庄 2005 年 M1 墓室前室南壁五石组合
SSX-MZ-020-06—SSX-MZ-020-10

编号　SSX-MZ-020-06

时代　东汉

原收藏号

出土地　米脂县官庄

原石尺寸　35.5×336×7

画面尺寸　27.5×280.5

质地　砂岩

原石情况　断为三截，左、右侧面斜向呈毛石状，下侧面有部分伤残。

所属墓群　2005 年 M1

组合关系　横楣石。与左、右门柱，上栏刻画卷云纹，是为边饰。下两栏：上栏刻画卷云纹，是为边饰。下栏刻绘神仙出游图。三只仙兔、三条大鲸、三匹马、三只虎、六条龙、三只飞鸟驾着云车。五部仙车有御手驾驭。有骑鸟侍者伴随。大鲸驾驭的云车旁亦有骑鲸侍者伴随。云车上铭旌飘带的飘饰衬托了云车行驰的疾速。物像可见墨线勾勒的痕迹。

著录与文献　榆林市文物保护研究所，榆林市文物考古勘探工作队编著：《米脂官庄画像石墓》，北京：文物出版社，2009 年，34 页，图三三，彩版一七。

出土/征集时间　2005 年出土

收藏地　米脂县博物馆

编号	SSX-MZ-020-07
时代	东汉
原收藏号	
出土地	米脂县官庄
原石尺寸	133.5×35.5×(6.5-7)
画面尺寸	112×24.5
质地	砂岩
原石情况	上侧面、左侧面、右侧面平整,錾刻人字纹。下侧面呈毛石状。
所属墓群	2005 年 M1
组合关系	左门柱,与横楣石,右门柱,左、右边柱为墓室前室南壁五石组合。
画面简述	画面分为内、外两栏。外栏为边饰,下部刻一株干粗叶茂的树,枝条分别以粗细不等的墨线勾绘。上部为卷云纹,云头一鸟的眼,羽毛以墨线勾绘。卷云上也勾勒了墨彩用以装饰。内栏刻绘卷云纹,云气间幻化出变形龙首、曲体长须龙、瑞兽、仙禽,均以墨线勾绘其局部细节。
著录与文献	榆林市文物保护研究所、榆林市文物考古勘探工作队编著:《米脂官庄画像石墓》,北京:文物出版社,2009 年,36 页,图三五,彩版一九,1。
出土/征集时间	2005 年出土
收藏地	米脂县博物馆

编号	SSX-MZ-020-08
时代	东汉
原收藏号	
出土地	米脂县官庄
原石尺寸	127×35.5×6.5
画面尺寸	112×26.5
质地	砂岩
原石情况	侧面平整，棱錾刻成人字纹，上侧面有一处伤残。
所属墓群	2005 年 M1
组合关系	右门柱，与横楣石、左门柱，左、右边柱为墓前室南壁五石组合。
画面简述	画面分为内、外两栏。外栏为边饰，刻绘结构与左门柱下栏一致，为卷云纹。以墨彩勾画装点。内栏云气纹中穿插两龙，均以墨线描绘肢体各部位以及形态，墨绘半圆形纹和弧线表现羽毛。
著录与文献	榆林市文物保护研究所、榆林市文物考古勘探工作队编著：《米脂官庄画像石墓》，北京：文物出版社，2009 年，37 页，图三七，彩版一九，2。
出土/征集时间	2005 年出土
收藏地	米脂县博物馆

编号	SSX-MZ-020-09
时代	东汉
原收藏号	
出土地	米脂县官庄
原石尺寸	127×23.5×6.5
画面尺寸	112×16.5
质地	砂岩
原石情况	上、下侧面平整。
所属墓群	2005 年 M1
组合关系	左边柱,与横楣石,左、右门柱,右边柱为墓室前室南壁五石组合。
画面简述	画面刻画卷云纹,云端栖落一鸟,伸颈隆背垂尾。
著录与文献	榆林市文物保护研究所、榆林市文物考古勘探工作队编著:《米脂官庄画像石墓》,北京:文物出版社,2009 年,38 页,图三九,彩版二〇,1。
出土/征集时间	2005 年出土
收藏地	米脂县博物馆

编号	SSX-MZ-020-10
时代	东汉
原收藏号	
出土地	米脂县官庄
原石尺寸	135×23.5×6.5
画面尺寸	111.5×17
质地	砂岩
原石情况	下侧面不平整，呈毛石状。
所属墓群	2005 年 M1
组合关系	右边柱，与横楣石、左、右门柱，左边柱为墓室前室南壁五石组合。
画面简述	画面刻画卷云纹。
著录与文献	榆林市文物保护研究所、榆林市文物考古勘探工作队编著：《米脂官庄画像石墓》，北京：文物出版社，2009 年，39 页，图四一，彩版二〇，2。
出土/征集时间	2005 年出土
收藏地	米脂县博物馆

米脂县官庄 2005 年 M1 墓室前室北壁四石组合
SSX-MZ-020-11—SSX-MZ-020-13

编　　号　SSX-MZ-020-11

时　　代　东汉

原收藏号

出　土　地　米脂县官庄

原石尺寸　36.5×301.5×7

画面尺寸　28.5×288

质　　地　砂岩

原石情况　断为四截，石面上有剥蚀残损。上、下、左侧面平整，梭椎刻成人字纹。右侧面欠平整。

所属墓群　2005 年 M1

组合关系　横楣石、与左、右边柱、中柱石（素面无图像）为墓室前室北壁四石组合。

画面简述　画面分为上、下两栏。上栏刻画卷云纹，是为边饰。下栏为车骑行进图。画面上共十辆轺车，驾车的马各具情态。车骑之后是一从骑，第二辆轺车之后置一不明物，右上有一鸟飞翔。车轮用墨线画两个相交的圆圈，车厢及车马组装构件等以墨彩描绘。

著录与文献　榆林市文物保护研究所、榆林市文物考古勘探工作队编著：《米脂官庄画像石墓》，北京：文物出版社，2009 年，42 页，图四四，彩版二一。

出土/征集时间　2005 年出土

收藏地　米脂县博物馆

编号	SSX-MZ-020-12
时代	东汉
原收藏号	
出土地	米脂县官庄
原石尺寸	122×48×(6-7.5)
画面尺寸	111.5×40
质地	砂岩
原石情况	上边缘伤残。
所属墓群	2005 年 M1
组合关系	左边柱，与横楣石、右边柱、中柱石（素面无图像）为墓室前室北壁四石组合。
画面简述	画面分为左、中、右三栏。左、右两栏为内、外边饰，刻卷云纹，形式与墓门横楣石上边饰相同。中栏分为上、下两格。上格刻画一树干弯曲的神树直上云霄，树周围有山峰。仙人头梳分霄髻，高踞神树之巅，身着宽袍，面右而坐。顶上有云形伞盖，盖面上用黑墨勾画弧线，墨彩涂斑点装饰。树干间二鸟，一飞、一立。下格刻熏炉。炉身为桃形，下承侈口折肩浅腹盘，涂描墨彩。炉柄细长，中部穿圆璧。炉柄底亦有和炉盘形状相同的底盘。
著录与文献	榆林市文物保护研究所、榆林市文物考古勘探工作队编著：《米脂官庄画像石墓》，北京：文物出版社，2009 年，43 页，图四六，彩版二三，1。
出土/征集时间	2005 年出土
收藏地	米脂县博物馆

编号	SSX-MZ-020-13
时代	东汉
原收藏号	
出土地	米脂县官庄
原石尺寸	127×50×(5.5~8)
画面尺寸	112×42
质地	砂岩
原石情况	右上角伤残，上部石面上有径 1.5 厘米原生锈色石疵。
所属墓群	2005 年 M1
组合关系	右边柱，与横楣石、左边柱、中柱石（素面无图像）为墓室前室北壁四石组合。
画面简述	画面分为左、中、右三栏。左、右栏为内、外边饰，刻卷云纹。中栏分上、下两格。上格仙人头戴山形冠，身着袍服，面左而坐。头上遮罩云形伞盖，盖上墨彩绘画勾卷纹。仙人面前一羽人，戴鹤冠，手持生长仙草之钵，面东王公作进献状。树干上有一鸟，回眸远望。下格为熏炉。炉身为圆球形，柄上穿璧，炉盘和底盘形状相同。熏炉各部分相接处以墨线勾勒。
著录与文献	榆林市文物保护研究所、榆林市文物考古勘探工作队编著：《米脂官庄画像石墓》，北京：文物出版社，2009 年，44 页，图四八，彩版二三，2。
出土/征集时间	2005 年出土
收藏地	米脂县博物馆

米脂县官庄 2005 年 M2 墓门面五石组合
SSX-MZ-021-01—SSX-MZ-021-05

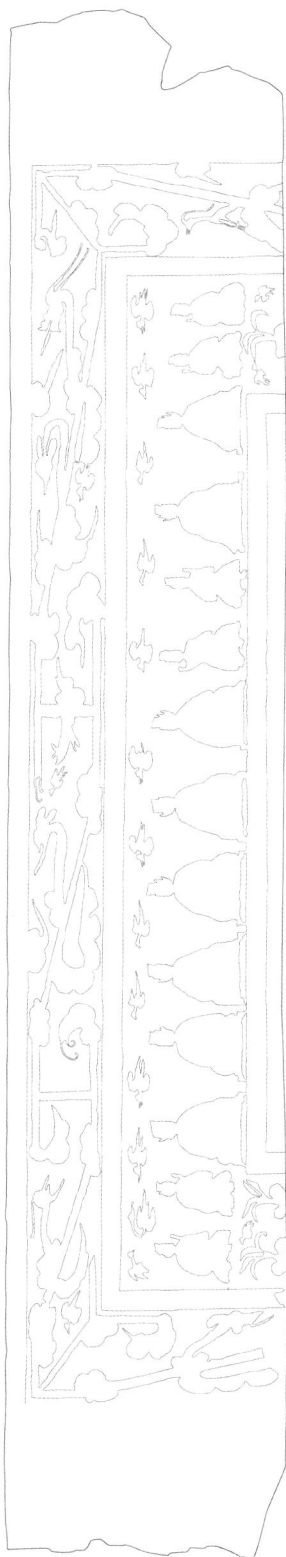

编号	SSX-MZ-021-01
时代	东汉
原收藏号	
出土地	米脂县官庄
原石尺寸	35.5×190×7.5
画面尺寸	32.5×152
质地	砂岩
原石情况	
所属墓群	2005年M2
组合关系	门楣石、与左、右门柱、左、右门扉为墓门面五石组合。
画面简述	画面分为上、与左，下两栏。上栏为云纹，有飞鸟和奔兽穿插缀其间，鸟兽的细部均用墨线勾画。云朵也以墨线描绘勾连卷云式样。下栏为人物图。画面上八位官吏均头戴进贤冠，村黑介帻，身着宽袖大袍，端坐于榉上。两侧及中间各蹲踞两位小吏，亦头戴进贤冠，内衬黑介帻，着长袍，中间二人执笏，目视勾勒，飞鸟，人物的冠服，五官，小鸟的眼，羽毛，瑞草的茎脉等均以墨线勾绘。张嘴露牙。画面补白瑞草、飞鸟。
著录与文献	榆林市文物保护研究所、榆林市文物考古勘探工作队编著：《米脂官庄画像石墓》。北京：文物出版社，2009年，47页，图五一，彩版二四。
出土/征集时间	2005年出土
收藏地	米脂县博物馆

编号	SSX-MZ-021-02
时代	东汉
原收藏号	
出土地	米脂县官庄
原石尺寸	120.5×37×(6.5-7)，部分长 12.5×2.5
画面尺寸	106×28
质地	砂岩
原石情况	下部石面剥蚀。
所属墓群	2005 年 M2
组合关系	左门柱，与门楣石，右门柱，左、右门扉为墓门面五石组合。
画面简述	画面内容分为内、外两栏。外栏刻画卷云纹，有直条云纹穿插连缀。间填飞鸟、立鸟。内栏第一格刻西王母头戴尖角华胜，身穿宽袖大袍，正面端坐于仙山神树之巅，头蔽伞形华盖，盖檐下流苏飘垂。树干间有玉兔捣药，麒麟奔走。一鹿从树后向右跑出，尾部被树干遮挡。树周峰峦叠嶂，形成三个尖耸的三角形。第二格一门吏头戴笼冠，着宽袖长袍，捧牍佩剑，正面站立。脸微向右侧。其笼冠用两组平行斜线交叉构成菱形纹。佩剑用粗墨线绘出，剑首、剑格、剑珌涂黑彩。第三格刻一人，戴平顶冠，着长袍，踞坐于榻上。第四格空白无物像。
著录与文献	榆林市文物保护研究所、榆林市文物考古勘探工作队编著：《米脂官庄画像石墓》，北京：文物出版社，2009 年，49 页，图五三，彩版二六，1。
出土/征集时间	2005 年出土
收藏地	米脂县博物馆

编号	SSX-MZ-021-03
时代	东汉
原收藏号	
出土地	米脂县官庄
原石尺寸	120.5×36.5×7
画面尺寸	106×28
质地	砂岩
原石情况	左上角有伤残，侧面錾刻成人字纹。
所属墓群	2005 年 M2
组合关系	右门柱，与门楣石、左门柱，左、右门扉为墓门面五石组合。
画面简述	画面分为内、外两栏。外栏刻画卷云纹，有直条云纹穿插连缀，其间补白龙首、鸟、兔。内栏第一格刻绘仙人，端坐于仙山神树之巅，上蔽华盖，树干间一鹿行走，一鸟飞翔。第二格刻执彗门吏，戴帻，着袍，胸前墨绘一拂尘。人物五官、衣褶以线描表现。第三格刻一人，戴平顶冠，着袍服，踞坐于榻上。第四格空白无物像。
著录与文献	榆林市文物保护研究所、榆林市文物考古勘探工作队编著：《米脂官庄画像石墓》，北京：文物出版社，2009 年，50 页，图五五，彩版二六，2。
出土/征集时间	2005 年出土
收藏地	米脂县博物馆

编号	SSX-MZ-021-04
时代	东汉
原收藏号	
出土地	米脂县官庄
原石尺寸	109.5×49×5
画面尺寸	94.5×36.5
质地	砂岩
原石情况	石右边棱上有伤残。左侧面上、下有门枢。
所属墓群	2005 年 M2
组合关系	左门扉,与门楣石、右门扉,左、右门柱为墓门面五石组合。
画面简述	朱雀、铺首衔环。朱雀口中含丹,抖冠振翅,一足高抬。翎毛和尾羽端刻成锯齿状。铺首两鬓毛发蓬张,怒目暴齿,颌下三绺胡须向右飞动。眼部、口和脸颊处阴刻。其半圆形舌、胡须、圆环等处墨线清晰。
著录与文献	榆林市文物保护研究所、榆林市文物考古勘探工作队编著:《米脂官庄画像石墓》,北京:文物出版社,2009 年,51 页,图五七,彩版二八,1。
出土/征集时间	2005 年出土
收藏地	米脂县博物馆

190

编号	SSX-MZ-021-05
时代	东汉
原收藏号	
出土地	米脂县官庄
原石尺寸	109×49×4.5
画面尺寸	94.5×36.5
质地	砂岩
原石情况	断为两截，门环、上门枢残缺。
所属墓群	2005 年 M2
组合关系	右门扉，与门楣石、左门扉，左、右门柱为墓门面五石组合。
画面简述	刻朱雀、铺首衔环。其构图及刻绘技法同左门扉。
著录与文献	榆林市文物保护研究所、榆林市文物考古勘探工作队编著：《米脂官庄画像石墓》，北京：文物出版社，2009 年，52 页，图五九，彩版二八，2。
出土/征集时间	2005 年出土
收藏地	米脂县博物馆

米脂县官庄 2005 年 M2 墓室前室南壁三石组合
SSX-MZ-021-06—SSX-MZ-021-08

原石左部与 SSX-MZ-021-07 为一整体，右部与 SSX-MZ-021-08 为一整体

编号　SSX-MZ-021-06

时代　东汉

原收藏号

出土地　米脂县官庄

原石尺寸　(30-33)×289.5×(7-8)

画面尺寸　27×273

质地　砂岩

原石情况　由左、中、右三石组合而成。左、右二石分别与左、右门柱相连为一体，中石断为两截，下边缘伤残，剥蚀严重。

所属墓群　2005年M2

组合关系　横楣石、与左、右门柱为墓室前室南壁三石组合。

画面简述　画面分为上、下两栏。上栏为直条穿捅的卷云纹。与左、右门柱外栏纹饰相同并且相互衔接，连为一体。下栏为"诸君太守待见图"。画面两端以带象味的隶体竖一行阴刻"诸君太守待见图"七个字，字体外栏染红（左端子体上的彩色褪尽）。两端题刻之内分别刻绘一处庭院。院中央建高纵大屋，阴刻斜线表现瓦脊。通体施黑彩。阑栏与柱均以直线表示。诸君太守们坐在庭院等候召见，还是坐在一屋内已经接受召见？从右边中央可辨识的"大原太守扶风法君"、"雁门太守颖川□君"的题刻看，两太守分别线刻被接见还是同时被接见，待考。及每屋内分别刻待见的四位那太守形象，并任人物上方的屋檐上用隶书刻行八字并涂红彩，标明太守本人所在郡别，籍贯及姓氏。左端屋内刻待见四太守均着红衣，跽坐样上。左二人相对而华，位右各人头戴进贤冠，右上方刻"大原太守扶风法君"，位右各头戴武弁大冠，右上方刻"雁门太守颖川□君"，每人身后均向主人跪一戴冠执笏文史。右二人皆头戴进贤冠，两两相对跽坐样上。身穿各立一戴进贤冠执笏文史。人物上方刻字不辨。此八位太守与门楣石所刻八人多有相似之处，或许表现的是同一主题。画面中间刻戴进贤冠执笏文史，人物上方刻字不辨。以虚构中线为界分两队相背而列，当右八位太守乘于牛车后。铭车内乘一人，车维表现方法相同，即杠左、杠右二维，面左铭车内御者乘于车前。面右各铭车上方刻一人乘于车后。铭车均出一马拏驾，车轮线浮雕刻出。马姿态不一，有的驻足静立，杠右二维，有的张口嘶鸣，有的奋蹄前行。任各铭车上方与隔枝相连的凸起平面上，分别以阴线竖刻二行六字，标注牛马属别，车马队列明晰。中间二铭车交叉部分用透视法体现。惟面右队列中自左而右可辨识为："五原太守牛马"、"朔方太守牛马"，"上郡太守牛马"，"定襄太守牛马"。车马队列拥挤，字体多漫患不清。

著录与文献　榆林市文物保护研究所、榆林市文物考古勘探工作队编著：《米脂官庄画像石墓》，北京：文物出版社，2009年，55页，图二二，彩版二九。

出土/征集时间　2005年出土

收藏地　米脂县博物馆

编号	SSX-MZ-021-07
时代	东汉
原收藏号	
出土地	米脂县官庄
原石尺寸	138×103×(7-8.5)
画面尺寸	116×85.5
质地	砂岩
原石情况	上部与横楣左段相连，边缘有磕碰，下侧面呈毛石状。
所属墓群	2005 年 M2
组合关系	左门柱，与横楣石、右门柱为墓室前室南壁三石组合。
画面简述	画面分左、中、右三栏。左、右两栏刻画卷云纹，左边有直条云纹穿插，右边卷云纹间有龙鸟填充。中栏一只羱羊昂首抬足，面右而行。粗大的羝角从头顶向两侧弯曲，长须，短尾，剽悍健壮，雄性征突出显示。羱羊所在的背景云气缭绕。祥云中两鸟低首伸颈，相向站立，一鸟行走。所有物像边缘轮廓及动物眼部、细部用墨线描绘。紧贴画面下边框有一用墨线勾勒出的人物头像，戴帽，面部丰润。人像与所刻画像呈垂直方向。
著录与文献	榆林市文物保护研究所、榆林市文物考古勘探工作队编著：《米脂官庄画像石墓》，北京：文物出版社，2009 年，58 页，图六七，彩版三一。
出土/征集时间	2005 年出土
收藏地	米脂县博物馆

编号	SSX-MZ-021-08
时代	东汉
原收藏号	
出土地	米脂县官庄
原石尺寸	132×91×7.5
画面尺寸	116×83
质地	砂岩
原石情况	上部与横楣石相连，侧面呈毛石状。左、右侧面平整，正面多处剥蚀。
所属墓群	2005 年 M2
组合关系	右门柱，与横楣石、左门柱为墓室前室南壁三石组合。
画面简述	画面分为左、中、右三栏。左、右栏刻卷云纹和直条云纹，是为边饰。中栏分上、下两格。上格刻云气纹，一鸟羽冠肥大，足趾健壮，立云头之上，回首观望。二龙，一龙张牙舞爪，腾空跳跃。另一龙俯身腾跃。画面中云气间一小鸟仰颈回首，停立于云气间。下格刻一雄健的牡鹿，举足行进。鹿角向后挺立，背部生翼，腹下披毛飞扬。鹿前有嘉禾，背上部空白处刻两龙，在云气间飞腾。
著录与文献	榆林市文物保护研究所、榆林市文物考古勘探工作队编著：《米脂官庄画像石墓》，北京：文物出版社，2009 年，60 页，图六九，彩版三二。
出土/征集时间	2005 年出土
收藏地	米脂县博物馆

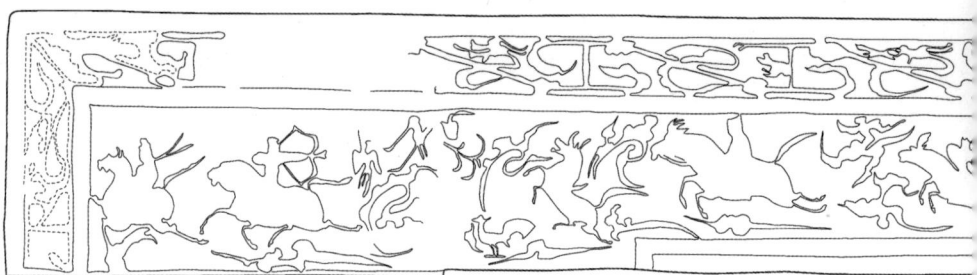

米脂县官庄 2005 年 M2 墓室前室东壁三石组合
SSX-MZ-021-09—SSX-MZ-021-11

原石左部与 SSX－MZ－021－10 为一整体，右部与 SSX－MZ－021－11 为一整体

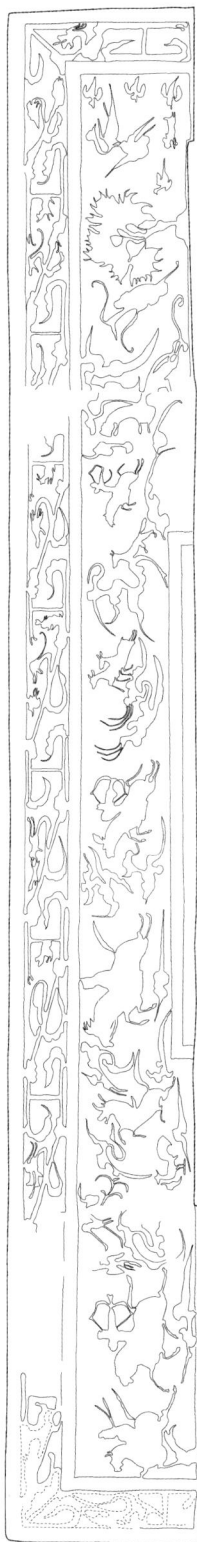

编号　　　　　SSX-MZ-021-09

时代　　　　　东汉

原收藏号

出土地　　　　米脂县官庄

原石尺寸　　　(30-32.5)×288×(7-11)，其中左石为30×71×7，中石为32.5×149×11，右石为30×68×10。

画面尺寸　　　29.5×272

质地　　　　　砂岩

原石情况

所属墓群　　　2005年M2

组合关系　　　横楣石，与左、右门柱为墓室前室东壁三石组合。

画面简述　　　画面分为上、下两栏。上栏刻穿捅直条云纹，空白处填奔兽和飞鸟。下栏为狩猎图。画面中三名猎手均骑在飞奔的马背上。翻身朝后，张弓拉箭，射向惊慌奔逃的翼马、鹿、虎。两名徒手骑吏相随。狩猎场景中，鸟惊飞、兽奔逃，流云飘拂。画面中又朴白了瑞草、停立的朱雀，枝繁叶茂的大树，给今势壮观的狩猎场面平添了静物，动静结合，相得益彰。横楣石右画面有墨绘图像。左为一梳双髻、戴耳珰背屏的女性形象，穿袍服，双足外露。右为一男子头像。

著录与文献　　榆林市文物保护研究所，榆林市文物考古勘探工作队编著：《米脂官庄画像石墓》，北京：文物出版社，2009年，65页，图七二，彩版三三。

出土/征集时间　2005年出土

收藏地　　　　米脂县博物馆

编号	SSX-MZ-021-10
时代	东汉
原收藏号	
出土地	米脂县官庄
原石尺寸	142×103×(6.5-7)
画面尺寸	117×86
质地	砂岩
原石情况	左上部为横楣石左段，下侧面呈毛石状。
所属墓群	2005 年 M2
组合关系	左门柱，与横楣石、右门柱为墓室前室东壁三石组合。
画面简述	画面分为四栏。左起第二栏画面凿低 1 厘米。左起第一栏为卷云纹，上部刻一双头鸟，振翅翘尾，面右站立。第二栏刻画绶带穿璧纹，空白处填云朵纹。物像边缘留有底样墨线痕迹。绶带上画有赭色小菱形块斜向紧密排列。绶带交叉处穿璧，璧涂染蓝色，上画黄色圆点。画面两侧的隔棱上分别绘画十三个矩形，连接矩形对角线分割为四个三角形，内以朱、白、蓝三色填充三角形。画面与隔棱间錾刻形成的杀面涂白彩。第三栏分为三格。上格刻仙人头戴山形冠，肩生双翼，端坐于灯形座顶。左有仙人为其撑起曲柄带流苏华盖，右有羽人手捧钵形器。中格刻一牡鹿站立云头。下格刻牛首人身门吏，着长襦大袴，执戟面右而立。第四栏刻卷云纹，纹饰间填龙首、嘉禾。
著录与文献	榆林市文物保护研究所、榆林市文物考古勘探工作队编著：《米脂官庄画像石墓》，北京：文物出版社，2009 年，66 页，图七四，彩版三五。
出土/征集时间	2005 年出土
收藏地	米脂县博物馆

编号	SSX-MZ-021-11
时代	东汉
原收藏号	
出土地	米脂县官庄
原石尺寸	131×98×(5.5-10)
画面尺寸	111×91
质地	砂岩
原石情况	右上部为横楣石右段，原石从上部斜断为二，边缘略有伤残。
所属墓群	2005 年 M2
组合关系	右门柱，与横楣石、左门柱为墓室前室东壁三石组合。
画面简述	画面分为四栏。右起第一栏上端刻卷云纹，间填两只长喙鸟立于云头，一大足厚蹼鸟停立云间。第二栏刻画绶带穿璧纹，空白处填云朵纹。物像边缘留有底样墨线痕迹。绶带上画有赭色小菱形块斜向紧密排列。绶带交叉处穿璧，璧涂染蓝色，上画黄色圆点。画面两侧的隔棱上分别绘画十三个矩形，连接矩形对角线分割为四个三角形，内以朱、白、蓝三色填充三角形。画面与隔棱间錾刻形成的杀面涂白彩。第三栏分为两格。上格刻西王母束发着袍，面左而坐，身后的神鸟为其撑起华盖。面前玉兔低首躬腰，双手捧钵。下刻一鹳鸟衔鱼。中格刻一鹿、一狐，周围云气缭绕。下格为执矛鸡首人身门吏图。第四栏为内边栏刻绘卷云纹。
著录与文献	榆林市文物保护研究所、榆林市文物考古勘探工作队编著：《米脂官庄画像石墓》，北京：文物出版社，2009 年，68 页，图七六，彩版三七。
出土/征集时间	2005 年出土
收藏地	米脂县博物馆

米脂县官庄 2005 年 M2 墓室前室西壁三石组合
SSX-MZ-021-12—SSX-MZ-021-14

原石左部与 SSX-MZ-021-13 为一整体，右部与 SSX-MZ-021-14 为一整体

编　　　号　SSX-MZ-021-12

时　　　代　东汉

原 收 藏 号

出 土 地　米脂县官庄

原 石 尺 寸　(30~33.5)×299×(6.5~7.5)。其中左石为33.5×74.5×7.5，中石为32.5×151.5×6.5，右石为30×73×7

画 面 尺 寸　29×273.5

质　　　地　砂岩

原石情况　石面剥蚀严重。

所属墓群　2005年M2

组合关系　横楣石。与左、右门柱为墓室前室西壁三石组合。

画面简述　画面分为上、下两栏。上栏直条纹交穿捅的卷云纹，空白处填狐、犬、鹿及飞鸟。下栏刻有六条形态各异的龙在云气和端草中腾跃。左端一人从隔棱后探出半个身子手扶端草。中间羽人持端草，野兽飞鸟等。

著录与文献　榆林市文物保护研究所、榆林市文物考古勘探工作队编著：《米脂官庄画像石墓》，北京：文物出版社，2009年，73页，图七九，彩版四〇。

出土/征集时间　2005年出土

收 藏 地　米脂县云博物馆

编号	SSX-MZ-021-13
时代	东汉
原收藏号	
出土地	米脂县官庄
原石尺寸	130.5×107×7.5
画面尺寸	115×90
质地	砂岩
原石情况	左上部为横楣石左段，侧左边减地。石面下部多处剥蚀，右上部剥蚀。
所属墓群	2005 年 M2
组合关系	左门柱，与横楣石、右门柱为墓室前室西壁三石组合。
画面简述	画面分为四栏。左起第一栏刻绘卷云纹。第二栏为绶带穿璧纹，其中绶带涂染粉彩，璧涂蓝色，上绘黄色谷纹。第三栏上部剥蚀，应是与右门柱上部对应的神像（东王公）。卷云纹下一鹿形兽停立。下部一熊首人着长襦大裤，荷剑，手捧一物（不明）面右站立。第四栏刻卷云纹。
著录与文献	榆林市文物保护研究所、榆林市文物考古勘探工作队编著：《米脂官庄画像石墓》，北京：文物出版社，2009 年，74 页，图八一，彩版四一。
出土/征集时间	2005 年出土
收藏地	米脂县博物馆

214

编号	SSX-MZ-021-14
时代	东汉
原收藏号	
出土地	米脂县官庄
原石尺寸	148×107×7
画面尺寸	122×87.5
质地	砂岩
原石情况	右上部为横楣石右段，右边侧宽 5-11 厘米，凿低 2 厘米。錾刻较平整，左侧面、下侧面呈毛石状。
所属墓群	2005 年 M2
组合关系	右门柱，与横楣石、左门柱为墓室前室西壁三石组合。
画面简述	画面分为四栏。右起第一栏上端刻画一铺首，之下为卷云纹，上端云头处幻化出龙首。第二栏为绶带穿璧图，绶带涂粉彩，蓝色圆璧上画黄色谷纹。第三栏分为三格。上格刻神像（西王母）梳分髻髻，面左而坐，左右有侍者，座下方有鸟。中格刻一只鹿在祥云间飞奔。下格刻兽首人身门吏，穿长襦大袴，佩剑执矛，面左站立。第四栏刻卷云纹。
著录与文献	榆林市文物保护研究所、榆林市文物考古勘探工作队编著：《米脂官庄画像石墓》，北京：文物出版社，2009 年，76 页，图八三，彩版四二。
出土/征集时间	2005 年出土
收藏地	米脂县博物馆

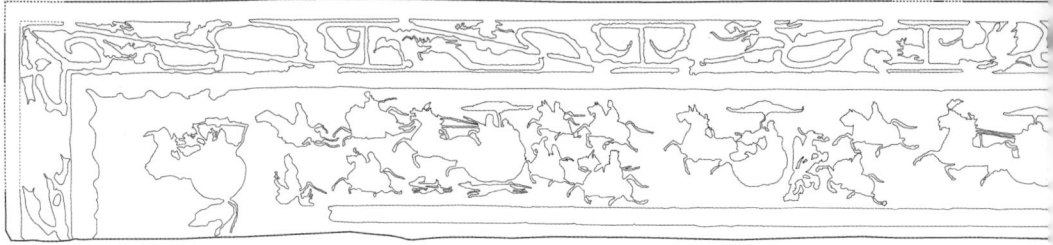

米脂县官庄 2005 年 M2 墓室前室北壁四石组合
SSX-MZ-021-15—SSX-MZ-021-18

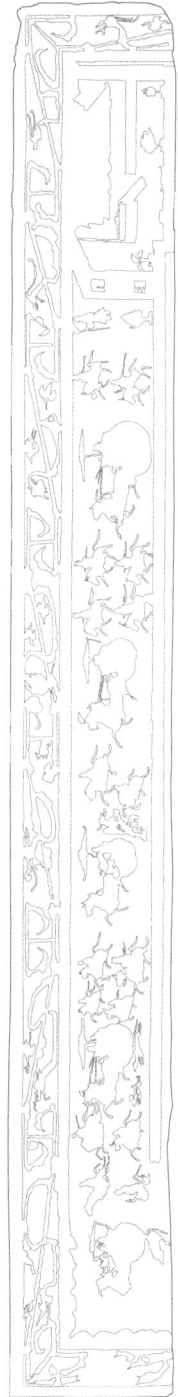

编号	SSX-MZ-021-15
时代	东汉
原收藏号	
出土地	米脂县官庄
原石尺寸	33×276×(10-12)
画面尺寸	30×271
质地	砂岩
原石情况	断为三截，左端边缘略有伤残。
所属墓群	2005年 M2
组合关系	横楣石、与左、右门柱、中柱石为墓室前室北壁四石组合。
画面简述	画面分上、下两栏。上栏刻直条穿捅的卷云纹，共间隐现飞鸟和小兽。下栏为车骑行进图。画面的右端刻一宅院，院内生长两棵茂盛的树木和一株端草。院外左为一树，右站一戴帽芟长襦大袍的拥彗门吏。五辆轺车皆背着宅院的方向行进，每车前均有二号骑，二从卫相随。第二辆轺车御者头戴武冠。车内乘者戴冠静坐。车下两兽奔跑。第五辆轺车内乘者头戴进贤冠，身形高大，随行的导从人戴武冠大冠或进贤冠。画面左端的与右端的连弧形垒檐相照应。与右端的隔棱内边缘为连弧曲线，下栏间的隔棱内边缘为连弧形垒檐相照应。
著录与文献	榆林市文物保护研究所、榆林市文物考古勘探工作队编著：《米脂官庄画像石墓》，北京：文物出版社，2009年，79页，图八六，彩版四五。
出土/征集时间	2005年出土。
收藏地	米脂县博物馆

编号	SSX-MZ-021-16
时代	东汉
原收藏号	
出土地	米脂县官庄
原石尺寸	140.5×50×(6.5-7.5)
画面尺寸	115.5×42.5
质地	砂岩
原石情况	
所属墓群	2005 年 M2
组合关系	左门柱，与横楣石、右门柱、中柱石为墓室前室北壁四石组合。
画面简述	画面分为左、中、右三栏。左栏为卷云纹，与横楣石左端图案相接。中栏分上、下两格。上格刻仙人端坐于神树之巅。头顶上的华盖下垂吊络缨。玉兔跪于右侧举杵捣药。树干间填刻有翼怪兽、麒麟、朱雀、飞鸟。下格为熏炉图。炉身呈桃形，边缘为齿状。炉下有承盘，细长柄，中部穿圆璧，下承浅腹盘，底座为高圈足浅腹盘。炉柄左侧一侍女梳垂髻髻，着袍面右跽坐。右栏刻卷云纹，云朵上有黑线勾勒痕。
著录与文献	榆林市文物保护研究所、榆林市文物考古勘探工作队编著：《米脂官庄画像石墓》，北京：文物出版社，2009 年，81 页，图八八，彩版四七，1。
出土/征集时间	2005 年出土
收藏地	米脂县博物馆

编号	SSX-MZ-021-17
时代	东汉
原收藏号	
出土地	米脂县官庄
原石尺寸	143×52×(7-8)
画面尺寸	115.5×45
质地	砂岩
原石情况	
所属墓群	2005 年 M2
组合关系	右门柱，与横楣石、左门柱、中柱石为墓室前室北壁四石组合。
画面简述	画面分左、中、右三栏。左、右栏与右门柱相同。草叶脉络用墨线绘画示意。中栏分上、下两格，图像漫漶，隐约可见物像边缘轮廓线痕，人物发式似用墨线描画。上格刻神像（西王母）梳分髻髽，着袍，面左侧坐于神树之顶，顶上蔽华盖。面前有着宽袖长衣、梳分髻髽的侍女，双手捧物，面向西王母半跪作敬奉状，身后的侍女亦梳分髻髽，与西王母相背而坐。树干间填刻一翼马，背生三翼。下格刻绘的熏炉与左边柱石上图像相似，台式底座。壁左侧站立一梳垂髻髽面右的侍女。
著录与文献	榆林市文物保护研究所、榆林市文物考古勘探工作队编著：《米脂官庄画像石墓》，北京：文物出版社，2009 年，82 页，图九〇，彩版四七，2。
出土/征集时间	2005 年出土
收藏地	米脂县博物馆

编号	SSX-MZ-021-18
时代	东汉
原收藏号	
出土地	米脂县官庄
原石尺寸	162.5×(16.5-12)×7.5
画面尺寸	
质地	砂岩
原石情况	
所属墓群	2005 年 M2
组合关系	中柱石, 与横楣石, 左、右门柱为墓室前室北壁四石组合。
画面简述	顶部居中平面减地印刻斗栱图形。石上部两边侧减地高 64 厘米、宽 2 厘米。石面上可见构图时留下的阴线刻划痕, 中间以带篆隶体阴刻 "故大将军掾并州从事属国都尉府丞平周寿贵里木君孟山夫人德行之宅"。出土时隐约可见刻字曾涂朱色。
著录与文献	榆林市文物保护研究所、榆林市文物考古勘探工作队编著:《米脂官庄画像石墓》, 北京: 文物出版社, 2009 年, 83 页, 图九二, 彩版四八。
出土/征集时间	2005 年出土
收藏地	米脂县博物馆

编号	SSX－MZ－021－19
时代	东汉
原收藏号	
出土地	米脂县官庄
原石尺寸	33×224（7~8.5）
画面尺寸	29×178
质地	砂岩
原石情况	断为两截，左、右侧面呈毛石状，上、下侧面各有一处伤残。
所属墓群	2005年M2
组合关系	墓室后室南壁横楣石，与墓室前室北壁横楣石横贴于前后室间的过洞之上。
画面简述	画面分为上、下两栏。上栏刻卷云纹。下栏乐舞百戏。左有伸（西王母）头戴山形冠，肩生双翼，面台起坐。眼，口等部位及冠饰用墨线描绘。儿足呈三层阶式。身后有两列待从共九人。侍从均着短襦襜裤，头戴鹖冠，双手执戟，抬一眼，一羽人。戴鹖冠，手臂舞动，弓步向前。一位细腰舞伎表演盘鼓舞，右臂上扬，舞袖和冠带飞扬，舞姿灵动飘逸。地上摆放十个盘，鼓架上置一鼓。鼓上落金匕。右上方五位舞伎"一"字排开，身着桂衣，跪地起舞。之后一人表演翻腾。下方五位跪地。手捧物（不明）。周围置一盛酒器和二盘。右半部宾客来会，可能是前来拜会西王母的穆天子一行。乘者戴山形王冠，由三马驾驶云车。前有导骑一，骑手骑危戴进贤冠，扭头回看马后车队，之后即足大鲸驾驶的云车相随。另有三位戴鹖冠的随侍，各驾一鹤随行，主宾云车后有一羽人翱游陪同。画面空白处仙鹤伴飞。画面两端和中间分别刻柳树，枝叶疏朗，随风摇曳。

著录与文献 榆林市文物保护研究所、榆林市文物考古期探工作队编著：《米脂官庄画像石墓》，北京：文物出版社，2009年，86页，图九四，彩版四九。

出土/征集时间	2005年出土
收藏地	米脂县博物馆

米脂县官庄 2005 年 M2 墓室后室北壁二石组合
SSX-MZ-021-20—SSX-MZ-021-21

编号	SSX-MZ-021-20
时代	东汉
原收藏号	
出土地	米脂县官庄
原石尺寸	164×104×(7-8.5)
画面尺寸	137×101
质地	砂岩
原石情况	下边缘不齐整，左上角磕碰。
所属墓群	2005 年 M2
组合关系	左竖石，与右竖石为墓室后室北壁二石组合。
画面简述	左、右竖石组合形成一幅完整的画面。画面上、左、右为边饰，刻直条穿插卷云纹，卷云头幻化出龙凤形象，龙凤身首用粗细不等、活泼流畅的线条描绘表现细部。以鸟兽补白。主画面分为上、下两层。上层刻绘妇人迎宾拜会图。左端有二人梳垂髫髻，长裙曳地，袖手相对站立。身后跟随一挽髻、亦长裙曳地的窈窕妇女。接着刻二人跽坐对拜，居左者挽髻着裙，微俯身恭拜；居右者梳垂髫髻，着长裙，拱手还礼。其后二人梳垂髫髻，服宽袖长裙站立。右端一人梳垂髫髻，着长裙，面左袖手跽坐于榻上，面对前来恭拜的宾客。面前五人跪拜。下层刻绶带穿璧图。四个菱形内减地刻绘卷云纹、朱雀、骆驼、象。骆驼以墨线画眼睛，颈部鬃毛用平行细线表现，身体肌肉突起和皮毛则用较粗的弧线示意。大象长鼻下拉，短尾后翘，腿足粗壮。四角上的半菱形内刻卷云，云絮间填朱雀、凤鸟、鸣鹨等。
著录与文献	榆林市文物保护研究所、榆林市文物考古勘探工作队编著：《米脂官庄画像石墓》，北京：文物出版社，2009 年，90 页，图九八，彩版五一。
出土/征集时间	2005 年出土
收藏地	米脂县博物馆

编号	SSX-MZ-021-21
时代	东汉
原收藏号	
出土地	米脂县官庄
原石尺寸	145×74.5×6.5
画面尺寸	137×71
质地	砂岩
原石情况	画像石剥蚀严重，边缘磕碰。
所属墓群	2005 年 M2
组合关系	右竖石，与左竖石为墓室后室北壁二石组合。
画面简述	见 SSX-MZ-021-20
著录与文献	榆林市文物保护研究所、榆林市文物考古勘探工作队编著：《米脂官庄画像石墓》，北京：文物出版社，2009 年，92 页，图一〇〇，彩版五二。
出土/征集时间	2005 年出土
收藏地	米脂县博物馆